32

Abnormal Psychology

분리불안장애

김기환 지음

_ 엄마랑 떨어지기 무서워요

학지사

'이상심리학 시리즈'를 내며

21세기를 살아가는 우리는 급격한 변화와 치열한 경쟁으로 이루어진 현대사회에 적응해야 하는 커다란 심리적 부담을 안고 있다. 이러한 현실 속에서 현대인은 여러 가지 심리적 문제와 장애에 직면하게 될 가능성이 높다.

정신건강에 대한 사회적 관심이 증대되면서, 이상심리나 정신장애에 대해서 좀 더 정확하고 체계적인 지식을 접하고자 하는 사람들이 늘어나고 있다. 그러나 막상 전문서적을 접하게 되면, 난해한 용어와 복잡한 체계로 인해 쉽게 이해하기 어려운 것이 현실이다.

이번에 기획한 '이상심리학 시리즈'는 그동안 소수의 전문가에 의해 독점되다시피 한 이상심리학에 대한 지식을 일반 독자들에게 소개하기 위한 것이다. 이를 위해서 다양한 정신장애에 대한 최신의 연구 내용을 가능한 한 쉽게 풀어서 소개하려고 노력하였다.

'이상심리학 시리즈'는 서울대학교 심리학과 임상 · 상담 심리학 교실의 구성원이 주축이 되어 지난 2년간 기울인 노력의 결실이다. 그동안 까다로운 편집 지침에 따라 집필에 전념해준 집필자 모두에게 감사드린다. 아울러 어려운 출판 여건에도 불구하고 출간을 지원해주신 학지사 김진환 사장님과 한 권 한 권마다 좋은 책이 될 수 있도록 성심성의껏 편집을 해주신 편집부 여러분에게 고마움을 표한다.

인간의 마음은 오묘하여 때로는 "아는 게 병"이 될 수 있다. 그러나 이러한 우려보다는 "아는 게 힘"이 되어 보다 성숙하고 자유로운 삶을 이루어나갈 수 있는 독자 여러분의 지혜로움을 믿으면서, '이상심리학 시리즈'를 세상에 내놓는다.

서울대학교 심리학과 교수

원호택, 권석만

머리말

어린 시절 누구나 엄마와 떨어지기 싫어서 울고 떼를 쓴 기억이 있을 것이다. 물론 엄마가 너무 좋아서 떨어지기 싫을 수도 있지만, 한편으로는 엄마 없이 낯선 사람이나 장소를 대하는 것, 혹은 혼자 있는 것이 불안하기 때문이었을 수도 있다. 이렇듯 어린아이에게는 자신에게 애정과 관심 그리고 보호를 제공하는 애착 대상과 떨어지는 것이 힘들 수 있으며, 이때 경험하는 불안인 분리불안은 자연스러운 것일 수 있다. 하지만 어느 정도 성장한 후에도 지속적으로 심한 분리불안을 겪는다면 문제가 될 수 있다.

아동·청소년이 엄마와 떨어지는 것이 불안해서, 유치원이나 학교에 가기를 거부하고 집을 나설 때마다 울고 떼를 쓴다면 부모에게 여간 큰 걱정이 아닐 것이다. 아울러 점점 또래관계가 중요해지는 시기에 친구 집에서 하룻밤을 보내거나 수련회 혹은 캠프에 가는 것이 어려울 수도 있다. 그렇다면 결국 학업이나 또래관계에 문제를 겪을 수 있다. 성인이 되어서도 분리불안이 클 경우, 진학이나 취업을 위해 집을 떠나 독립하는 데에 어려움을 겪을 수 있다. 다른 경우에는 연인이나 배우자 혹은 자녀가 자신과 떨어져 있는 상황이 매우 불안하고 신경이 쓰여서 일이나 대인관계의 문제를 경험할 수 있다.

이렇게 주된 애착 대상과 분리될 때 겪는 불안이 심한 경우 분리불안장애로 진단될 수 있다. 분리불안장애는 아이가 성장해 감에 따라 자연스럽게 사라지기도 하지만, 때로는 나이가 들어서도 지속된다. 아울러 아동기나 청소년기에는 없던 분리불안장애가 성인이 되어서 발생하기도 한다.

이 책은 크게 세 부분으로 구분된다. 첫 번째는 '무엇What?'에 해당되며, 분리불안장애가 무엇이며 어떤 특성을 보이는지에 대해 설명하고 있다. 두 번째는 '왜Why?'에 해당되며, 분리불안장애가 어떤 이유로 생겨나는지에 대해 설명하고 있다. 세 번째는 '어떻게How?'에 해당되며, 분리불안장애를 가진 대상을 어떻게 도울 수 있는지에 대해 설명하고 있다.

이 책은 일반인의 분리불안장애에 대한 이해를 돕고, 아울러 장애로 고통받는 자녀를 두고 있는 부모와 가족 그리고 본인이 이를 극복하는 데 도움을 주기 위해 쓰였다. 이를 위해 다양하고 깊이 있는 심리학적 정보를 전달하면서도 전문적인 용어나 지식을 이해하기 쉽게 풀어 쓰려고 노력하였다. 뿐만

아니라 심리학을 공부하는 학생들이나, 분리불안장애로 고통
받는 이들을 도우려는 전문가들이 장애를 이해하고 치료하는
방법을 배울 수 있는 지침서로 사용할 수 있도록 집필하였다.
끝으로, 저자의 애착 대상인 아내와 두 아이 하람, 예람에게
특별한 사랑을 전한다.

2017년 5월
김기환

차 례

3 분리불안장애를 어떻게 치료할 것인가 — 93

분리불안장애란
무엇인가

1. 분리불안장애의 사례

올해 초등학교 2학년인 영철이의 엄마는 영철이 때문에 걱정이 매우 크다. 영철이가 학교에 가기 싫어하기 때문이다. 등교하는 아침이 되면 매번 울고불고 학교에 가기 싫다고 떼를 쓰며, 학교 갈 시간이 되면 배가 아프고 머리도 어지럽다는 이야기를 자주 한다. 힘들게 등교한 후에도 쉬는 시간이면 수시로 전화를 해서 엄마가 잘 있는지 확인하고, 때로는 전화하면서 울기도 하여 엄마는 집에 있지만 집안일에 집중하기가 어려울 정도다. 어떤 날은 학교에 가는 문제로 엄마와 다투다가 울고 애원하기도 하며 자기 뜻대로 안되면 엄마를 때리고 발로 차기까지 한다. 엄마는 학교 선생님이 무섭기 때문인지, 숙제를 따라가기가 어려워서인지, 아니면 친구와 어울리지 못하기 때문인지 원인을 알아보려고 학교 선생님을 찾아가 물어보았지만 그 때문은 아닌 것 같았다.

사실 학교를 가기 싫어하는 것만이 문제가 아니다. 영철이가 불안해하고 떼를 쓰며 가장 싫어하는 것은 엄마와 떨어지는 것이다. 엄마가 잠시 슈퍼마켓에만 다녀오려고 해도 영철이는 집에 혼자 있지 못하고 무조건 따라나선다. 엄마가 없으면 너무 무섭고 혼자 있지 못하겠다고 한다. 어릴 때는 아이가 엄마를 많이 따르니 좋기도 했지만, 이제 초등학생인데 조금도 혼자 있지 못하니 엄마는 걱정이 이만저만이 아니다. 뿐만 아니라 영철이는 잠이 들 때 엄마와 살을 붙이고 누워야 하고 가끔 꿈에서 엄마가 괴물에게 잡혀 가는 꿈을 꾸었다며 울면서 깨기도 한다. 영철이의 엄마는 아이가 제대로 독립적인 생활을 할 수 있을까 걱정이 늘어간다.

올해 중학교 2학년인 수민이는 부끄럼이 많고 다소 예민한 아이다. 수민이는 어릴 때부터 몸이 약해서 엄마가 늘 끼고 살았다. 다행히도 지금은 많이 건강해졌고 아주 활달하지는 않지만 친한 친구들과는 어느 정도 잘 지낸다. 그런데 수민이는 수학여행을 앞두고 걱정이 이만저만이 아니다. 사실 수민이는 집을 떠나서 밖에서 잠을 자고 오는 것이 몹시 두렵고 심지어 공포스럽기까지 하다. 왠지 집 밖에서 자면 무섭고 엄마와 가족들을 다시는 못 볼 것 같은 막연한 두려움이 매우 크게 들기 때문이다. 그래서 어릴 때부터 친구들

과의 파자마 파티는 물론이고 학교나 교회에서 하는 수련회
는 가지 않거나 낮 시간에만 참석하고 밤이 되면 나와서 집
으로 돌아오곤 했다. 하지만 이번에는 친한 친구들이 함께
수학여행에 가서 할 계획들을 다 의논해 놓은 상황이라서
빠지기가 어렵다. 집을 떠나는 것이 두렵다는 말을 하자니
친구들이 놀릴 것 같고, 수학여행을 가자니 너무 무섭고 잠
도 제대로 못 잘 것 같다. 한편으로는 이번 수학여행이 친구
들과 더 친해질 수 있는 절호의 기회라 생각되어 같이 가고
싶은 마음도 있어서 정말 어떻게 해야 할지 모르겠다. 다른
친구들은 다들 수학여행 갈 생각에 들떠 있는데 수민이는
날짜가 다가올수록 고민과 두려움만 더 커져 가는 것 같다.

영미 씨는 조그마한 식당을 운영하고 있다. 남편은 결혼
한 지 10년 만에 대장암으로 세상을 먼저 떠났고, 홀로 키워
온 딸은 어느덧 고등학교 3학년이 되었다. 영미 씨는 딸에
대한 애정이 각별하다. 물론 남편 없이 지내면서 두 식구가
의지하며 살았기에 그럴 수 있다. 하지만 영미 씨는 딸이 눈
에 보이지 않는 순간부터 왠지 불안하다. 전화를 받지 않거
나 문자를 보냈는데 답이 즉시 오지 않으면 불안해서 견디
기가 어렵다. 학원 수업 중이거나 친구들과 노느라고 연락
이 되지 않을 수 있다고 스스로를 안심시키려 하지만, 혹시

어디에서 사고가 나지 않았을까, 나쁜 사람에게 잡혀 가거
나 다른 위험에 처해서 연락이 되지 않는 게 아닐까 염려가
될 때에는 일에 집중할 수가 없다. 그러다보니 연락이 늦어
지면 딸에게 불같이 화를 내게 되고, 떨어져 있으면 수시로
문자를 보내서 어디 있는지 확인하게 된다. 딸은 엄마가 자
신을 걱정하는 것이 이해되기도 하지만 수시로 연락하는 엄
마에게 감시받는 듯하여 때론 숨 막히는 느낌이 들기도 한
다. 뿐만 아니라 이후에 대학을 가게 되면 엄마를 떠나서 생
활할 일이 더 많아질 텐데 엄마가 그 상황을 견딜 수 있을까
걱정이 된다. 나아가 결혼한 후까지도 엄마가 수시로 연락
하고 지금처럼 지나친 간섭을 한다면 너무 싫을 것 같다.

종민 씨는 퇴직 후에 주로 집에서 소일거리를 찾아 시간
을 보내는 60대 남성이다. 종민 씨는 원래 말이 많지 않고 조
용한 성격으로 친구가 많지 않지만, 아내는 성격이 활달하
고 붙임성이 좋아 주변 사람들에게 인기가 많다. 집 밖에 나
가 친구를 만나거나 이것저것 배우러 다니는 것을 좋아하는
아내가 외출을 하면, 종민 씨는 자꾸 아내를 기다리고 찾게
된다. 때로 연락이 안 될 때는 교통사고라도 일어났나 하는
불길한 생각이 들지만 표현하지는 못하고, 연락이 닿으면
왜 그렇게 연락이 안 되냐며 화를 낸다. 종민 씨가 이렇게 아

내를 찾는 행동은 최근에 부쩍 더 심해졌다. 종민 씨가 큰 수술을 받은 이후로 혹시 아내가 없을 때 건강상의 문제가 갑자기 또 생기면 어떻게 하나 하는 불안이 더 커졌기 때문이다. 그래서 종민 씨는 아내에게 수시로 전화하고 어디에 있는지 확인하고 집에 빨리 들어오라고 화를 낸다. 주변 사람들은 종민 씨가 아내에게 너무 자주 연락을 하는 것을 보고 의처증이 아니냐고 의심하기도 한다. 하지만 종민 씨는 아내의 부정을 의심하는 것이 아니라, 교통사고나 범죄 등으로 아내를 잃어버리게 될까 봐 겁이 나는 것이다. 혹은 자신에게 갑작스런 건강상의 문제가 생겨서 아내를 못 보게 될까 봐 불안하다. 하지만 종민 씨는 이런 속사정을 누구에게도 말하지 못하고 있다. 이렇게 아내가 없으면 안절부절 못하는 자신의 모습이 스스로 너무 못나 보이고 부끄럽기 때문이다. ❖

2. 정상적 불안과 병적 불안

1) 불안과 불안장애

분리불안장애가 무엇인지 알기 전, 불안과 불안장애가 무엇인지 이해하는 것이 필요하다. 불안이란 무엇인가? 불안은 위험, 위협, 처벌과 같은 부정적인 결과가 예상되는 상황에서 우리가 경험하게 되는 정서적 반응을 말한다. 우리는 코앞에서 차들이 속도를 줄이지 않고 지나갈 때, 중요하고 어려운 시험을 앞두고 있을 때, 업무의 성과와 관련된 중요한 발표를 하기 전, 전염력이 매우 높은 위험한 질병에 대한 뉴스를 접할때 모두 불안을 경험하게 된다. 불안은 그 자체로는 불쾌한 경험이지만, 차후 발생 가능한 부정적인 결과를 예방하는 데 도움이 되는 정서이기도 하다. 만약 우리가 불안을 전혀 느끼지 못한다면 어떻게 될까? 위험하게 달리는 차에 치일 수도 있고,

긴장을 못 느껴 시험공부를 하지 않을 수도 있고, 중요한 발표를 대충 준비할 수도 있으며, 전염병에 대해 조심하지 않아 감염이 될 수도 있다. 이처럼 불안은 건물 곳곳에 설치되어 있는 화재경보기와 같이 미리 경고하는 역할을 한다. 그러나 만약 화재경보기가 너무 민감하다면 어떤 일이 벌어질까? 지나치게 예민해서 아주 사소한 온도의 상승에도 작동한다면 어떻게 될까? 예를 들어, 무심코 화재경보기 쪽으로 입김을 내쉬거나 오후의 나른함을 달래기 위한 뜨거운 커피 한잔을 마실 때에도 화재경보기가 작동한다면 어떻게 될 것인가? 아마도 수시로 울리는 경보음 때문에 일상에 집중하기가 힘들 것이다. 이처럼 불안은 우리를 '미래에 발생 가능한 위험과 부정적 결과에서 보호'하는 역할을 하지만 그 정도가 심하다면 이는 아마도 병적인 불안이 될 것이다.

그렇다면 정상적인 불안과 병적인 불안은 어떻게 구분될수 있을까? 이에는 몇 가지 기준이 있다. 첫째, 현실성의 차이다. 실제로 위험 가능성이 거의 없거나 대부분의 사람이 위험하다고 느끼지 않는 경우에도 불안을 경험한다면 이는 병적인 불안이라고 할 수 있다. 예를 들어, 고층 빌딩에 들어갈 때마다 매번 건물의 붕괴를 염려하고 심한 불안을 경험한다면 병적인 불안이라 볼 수 있다. 둘째, 강도의 차이다. 우리가 사는 세상에는 크고 작은 위험들이 존재하고 있다. 태풍, 지진이나 테러와 같은 심각한 위험에 노출될 때에는 강한 공포나 불안을 경험하는 것이 자연스럽다. 하지만 버스나 지하철 같은 대중교통을 이용할 때에도 지나치게 심장이 두근거리고 숨이 가쁜 증상을 경험한다면 이는 병적인 불안이라 할 수 있다. 셋째, 빈도의 차이다. 우리는 여러 상황에서 불안이나 긴장을 경험할 수 있다. 하지만 이러한 불안을 지나치게 자주 경험한다면 이는 일상생활에 지장을 초래할 것이다. 예를 들어, 매우 비판적인 사람이나 자신에게 중대한 영향을 미칠 수 있는 사람을 만나면 누구나 긴장을 하거나 불안을 경험할 수 있다. 하지만 상대방의 특성, 지위와 상관없이 대부분의 사람을 만날 때마다 매번 불안과 긴장을 경험한다면 이는 병적인 불안이라고 할 수 있다. 넷째, 지속성의 차이다. 우리는 긴장되는 상황에 맞닥뜨리게 되면 불안과 초조를 경험하지만, 그 상황에서 빠져나오면 그에 따른 불안 반응도 사라지게 마련이다. 하지만 불안한 상황이 끝난 후에도 여전히 불안과 긴장이 지속된다면 이는 병적인 불안이라고 할 수 있다. 예를 들어, 중요한 발표를 끝낸 후에도 계속적으로 심장이 뛰고 집중하기가 어려운 상태가 지속된다면, 이는 병적인 불안이라고 할 수 있다.

이렇게 정상적인 불안과 다르게 병적인 불안으로 고통받고, 이로 인해 학업, 직업, 대인관계 등에 심각한 지장을 초래하는 경우, 이를 불안장애라고 할 수 있다. 분리불안장애는 여러 종류의 불안 중에서도 '애착을 형성하고 있는 중요한 타인과의 분리'를 경험할 때 나타나는 병적인 불안이라고 할 수 있다.

2) 분리불안과 분리불안장애

분리불안은 일반적으로 유아가 엄마나 그 외의 양육자와 애착이 형성된 이후에 애착 대상이 눈에 보이지 않을 때 나타내는 일종의 공포반응을 의미한다(Ambrose, 1961). 분리불안을 보일 때 유아는 애착 대상을 간절히 찾고, 울며, 부르는 행동을 한다. 이러한 분리불안은 발달 과정에서 매우 자연스러운 반응이며 양육자와의 애착 형성에 도움이 되기도 한다. 즉, 아이가 엄마가 없을 때 찾고 울기 때문에, 엄마는 아이 곁을 떠나지 않게 되고 아이와 애착 형성을 위한 접촉을 유지하게 되는 것이다. 뿐만 아니라 인간은 생물학적으로 가장 무력한 상태로 태어나는 존재이기도 하다(권석만, 2004). 태어나자마자 서고 걷고 뛰는 다른 동물들에 비해 신생아는 너무도 무력하기 때문에 보호자의 도움이 반드시 필요하다. 분리불안 반응은 유아로 하여금 애착 대상을 간절히 찾게 하고 곁에 붙어 있도록 하여 보호받을 수 있게 한다. 이렇듯 불리불안은 무력한 상태에 있는 유아를 애착 대상에게 붙어 있게 하여, 혼자 있을 때 발생할 수 있는 위험으로부터 보호하는 기능을 한다. 바꾸어 말해 유아가 분리불안을 경험하지 않아서 애착 대상이 없어져도 울거나 찾지 않는다면, 안정된 애착 형성의 기회가 줄어들게 되는 것은 물론이고, 심지어 위험에 처할 수도 있다.

그렇다면 정상적인 분리불안은 병적인 분리불안과 어떻게 구분될 수 있을까? 앞서 제안된 바와 같이 '현실성, 강도, 빈도, 지속성'의 기준으로도 구분이 가능하겠지만, 분리불안은 유아의 발달 과정에서 자연스럽게 나타났다가 사라지는 특성을 가지므로 발달적인 과정을 고려해서 판단해야 한다. 국외 연구들을 살펴보면, 분리불안이 생후 6개월부터 15개월 사이에 증가하다가 서서히 사라진다고 보고하거나(Kagan, Kearsley, & Zelazo, 1980), 6∼8개월경에 나타나 10∼12개월경에 절정에 이르고 만 2세경에 사라진다고 보고한다(Bowlby, 1969). 반면, 국내의 연구결과들은 이와 다른 양상을 보여 주고 있다. 즉, 분리불안이 출현하는 시기와 절정기는 각각 7개월과 12개월로 국외의 결과와 비슷하게 나타나나, 사라지는 시기는 만 4세경으로 국외에 비해 상당기간 더 오래 지속되는 경향이 있다(정영숙, 1976). 이는 아마도 서구에 비해 늦은 나이까지 아이와 함께 자고, 스스로 하게 하기보다 세세한 부분까지 도와주며, 아이의 독립이 보다 늦게 이루어지도록 하는 우리 문화의 양육방식과 관련이 있을 것으로 생각된다. 하지만 이러한 문화

적 특성을 고려한다고 하더라도 만 4세가 넘어서도 잠깐 일어
나는 엄마와의 분리에서 간절히 엄마를 찾고 울고 부르는 행
동이 지나치게 나타나 유치원에 가거나 보조 양육자에게 맡기
는 데 어려움이 생기는 등 일상생활에서 지장이 초래된다면
분리불안의 정도가 심한 것으로 볼 수 있다.

　분리불안장애는 어머니 혹은 다른 주된 양육자 예: 할머니, 아버
지 등인 애착 대상과 떨어지는 것에 대해 심한 불안을 나타내는
정서적 장애를 말한다(권석만, 2013). 대부분의 아이가 엄마와
떨어지는 것을 두려워하지만, 나이가 어느 정도 되면 엄마와
떨어져도 심한 불안을 느끼지 않고 오히려 엄마를 떠나 또래
아이들과 어울린다. 그러나 아동이 엄마와 떨어질 때, 발달단
계를 고려했을 때에도 부적절하고 과도한 불안과 공포를 경험
한다면 분리불안장애라고 할 수 있다. ◈

3. 분리불안장애의 진단기준

어떤 경우에 분리불안장애로 진단이 내려질 수 있는지 알아
보기 위해 미국정신의학회의 『정신장애의 진단 및 통계 편람
제5판Diagnostic and Statistical Manual of Mental Disorders (5th ed.): DSM-5』의
진단기준을 상세히 살펴보면 다음과 같다.

 분리불안장애의 진단기준 (DSM-5; APA, 2013)

A. 애착 대상과의 분리에 대한 공포나 불안이 발달 수준에 비
   추어 볼 때 부적절하고 지나친 정도로 발생하며, 다음 중
   3가지 이상이 나타나야 한다.
   1. 집 또는 주 애착 대상과 떨어져야 할 때 과도한 고통을
      반복적으로 겪음
   2. 주 애착 대상을 잃거나 질병이나 부상, 재앙 혹은 죽음
      같은 해로운 일들이 그에게 일어날 것이라고 지속적으로
      과도하게 걱정함

3. 곤란한 일예: 길을 잃거나, 납치당하거나, 사고를 당하거나, 아프게 되는 것이 발생하여 주 애착 대상과 떨어지게 될 것이라고 지속적으로 과도하게 걱정함

4. 분리에 대한 공포 때문에 집을 떠나 학교, 직장 혹은 다른 장소로 외출하는 것을 지속적으로 거부하거나 거절함

5. 집이나 다른 장소에서 주 애착 대상 없이 있거나 혼자 있는 것에 대해 지속적으로 과도하게 두려워하거나 거부함

6. 집을 떠나 잠을 자는 것이나 주 애착 대상 곁이 아닌 곳에서 자는 것을 지속적으로 과도하게 거부하거나 거절함

7. 분리 주제와 연관된 반복적인 악몽을 꿈

8. 주 애착 대상과 떨어져야 할 때 신체 증상을 반복적으로 호소함예: 두통, 복통, 오심, 구토

B. 공포, 불안, 회피 반응이 아동·청소년에서는 최소한 4주 이상, 성인에서는 전형적으로 6개월 이상 지속되어야 한다.

C. 장애가 사회적, 직업적 또는 다른 중요한 기능 영역에서 임상적으로 현저한 고통이나 손상을 초래한다.

D. 장애가 다른 정신질환으로 더 잘 설명되지 않는다. 예를 들어, 자폐증에서 변화에 대한 저항으로 집 밖에 나가는 것을 회피하는 경우, 정신병적 장애에서 분리에 대한 망상이나 환각이 있는 경우, 광장공포증으로 인해 믿을 만한 동반자 없이는 밖에 나가기를 거부하는 경우, 범불안장애에서 건강 문제나 다른 해로운 일이 중요한 대상에게 생길까 봐 걱정하는 경우, 질병불안장애에서 질병이 발생할까 봐 걱정하는 경우

진단기준 A에서 나타나듯이 분리불안장애의 주요 특징은 '애착 대상과의 분리에 대한 지나친 공포와 불안'이다. 그리고 이는 발달 수준을 고려할 때에도 그 정도가 지나치다. 분리불안장애로 진단이 내려지기 위해서는 다음의 기준 중에서 적어도 3가지 이상을 충족시켜야 한다.

첫째, 집이나 주 애착 대상과 떨어져야 할 때 심한 고통을 반복적으로 경험한다. 둘째, 애착 대상을 잃어버리게 될까 봐 걱정하고 애착 대상에게 해로운 일들(예: 질병, 부상, 재앙, 죽음 등)이 일어날까 봐 반복적으로 심하게 걱정한다. 이러한 걱정은 특히 애착 대상과 떨어져 있을 때 더 심해지므로 애착 대상이 어디에 있는지, 안전한지 등을 늘 확인하고 싶어 한다. 셋째, 자신에게 곤란한 일(예: 길을 잃거나, 납치나 사고를 당하거나, 아프게 되는 등)이 발생하여 애착 대상과 떨어지게 될까 봐 반복적으로 심하게 걱정한다. 넷째, 애착 대상과 떨어지는 것에 대한 두려움 때문에 집 밖을 나가 학교, 직장, 다른 장소로 가는 것을 지속적으로 싫어한다. 다섯째, 집이나 다른 장소에 주 애착 대상 없이 있거나 혼자 있는 것에 대해 지속적으로 과도하게 두려워하거나 싫어하는 모습을 보인다. 분리불안장애를 가진 아동은 방에 혼자 가거나 혼자 있는 것이 어렵다. 그리고 애착 대상에게 지나치게 매달리거나 그림자처럼 따라다니는 행동을 보이고, 심지어 집 안에서 다른 방에 갈 때에도 누군가 곁에 있기를 바

란다. 여섯째, 집이 아닌 곳에서 자거나 주 애착 대상과 떨어져서 자는 것을 지속적으로 완강하게 거부한다. 이로 인해 친구 집에서 자거나 집을 떠나 캠프, 수련회 등에 참석하는 것에 어려움을 겪는다. 분리불안장애를 경험하는 성인의 경우에는 독립적으로 여행하는 데 어려움을 보이고, 청소년기를 지나 대학 진학을 위해 다른 지역으로 혼자 가서 사는 것을 어려워한다. 일곱째, 주 애착 대상의 분리와 관련된 주제의 악몽을 반복적으로 꾼다. 꿈의 내용은 괴물이 엄마를 데려가는 등의 유아적이고 모호한 내용에서 화재나 납치, 살인 등의 재앙으로 인해 가족을 잃게 되는 등 점차 더 현실적이고 구체화될 수 있다. 여덟째, 분리가 일어나거나 예상될 때 두통, 복통, 오심, 구토 등의 신체적 증상들을 나타낼 수 있다. 두근거림, 어지럼증, 쓰러질 것 같은 느낌 등의 심혈관계 증상은 어린 아동보다는 청소년과 성인에게 흔하게 발생한다.

　이러한 장애는 어느 정도 지속되어야 진단될 수 있으며, 아동과 청소년의 경우에는 최소 4주 이상, 성인은 6개월 이상 지속되어야 한다. 아울러 장애가 사회적, 직업적 또는 다른 중요한 기능에서 임상적으로 현저한 고통이나 손상을 초래해야 한다.

　2013년에 개정된 DSM-5의 분리불안장애 진단기준은 이전과 다른 몇 가지 특성을 보이고 있다. 먼저, DSM-Ⅳ에 포함되었던 '18세 이전에 발병한다.'는 기준이 사라졌다. 이로 인해 이전에는 소아청소년기 장애로 분류되었다가 이제 불안장애의 범주에 포함되었다. 이는 성인기에도 분리불안장애가 발생할 수 있음을 시사한다. 임상연구에서는 소아 및 청소년기에는 분리불안장애를 나타내지 않다가, 성인기에 최초로 발생하는 분리불안장애가 25~50%에 해당된다고 보고하기도 한다 (Bögels, Knappe, & Clark, 2013). 이렇게 성인기에 발병하는 분리불안장애는 많은 경우, 처음 집을 떠나서 살게 되거나, 연애를 시작하게 되거나, 출산을 한 후에 발생한다고 한다. 그리고 외상 사건의 경험, 가까운 사람의 상실 등이 성인기에 발생한 분리불안장애의 중요한 위험요인으로 간주되고 있다.

아울러 이러한 진단기준의 변화는 이전에는 이 장애가 소아청소년기 장애로서 성인의 불안장애와는 다른 특성을 가진다는 견해를 지지하였으나, 이제는 더 이상 그러한 구분이 없다는 것을 의미한다. 이러한 변화로 인해 DSM-5의 진단기준에는 성인기에 발병한 경우 '6개월 이상'의 지속기준이 추가되었다. 또한 DSM-IV에서는 6세 이전의 이른 시기에 발병하는 경우인 '조발성'을 따로 구분하였으나, DSM-5에서는 이구분도 사라졌다. ◆

4. 분리불안장애의 주요 증상

1) 신체적 증상

분리불안장애를 나타내는 아동들은 학교에 가거나 엄마와 떨어져야 하는 상황에서 두통과 복통, 오심, 구토 등의 소화기계 증상을 흔하게 호소한다. 그러다가 청소년, 성인이 된 경우에는 가슴 두근거림, 어지러움, 쓰러질 것 같은 느낌 등의 심혈관계 증상을 추가적으로 보이기도 한다. 그 외에도 가슴이 답답함, 식은 땀, 발열 등의 다양한 불안 관련 증상이 나타날 수 있으며, 선천적인 질병이나 지병이 있다면 관련된 증상들이 악화될 수 있다. 이러한 신체적 증상들은 애착 대상과의 분리가 예상될 때 주로 나타난다. 아울러 엄마와 같은 주된 애착 대상과 다시 만나게 된 다음에는 신체적 증상들이 급격하게 감소하거나 사라지는 모습을 보이기도 한다.

심리적인 문제로 인해 신체적인 증상이 나타나거나 더 악화되는 경향을 '신체화somatization'라고 하며, 분리불안장애에서 신체화는 두 가지 중요한 기능을 가진다.

첫째, 분리로 인해 발생하는 불안을 보다 합리화할 수 있게 한다. 아동은 점점 자라면서 두 가지 상충된 욕구로 인해 갈등하게 된다. 이는 '의존과 독립'의 욕구로 한편으로는 애착 대상에게 매달리고 의존하고 싶지만, 다른 한편으로는 의존에서 벗어나 스스로 해결하고 혼자 있고 싶기도 한 것이다. 나이가 들어갈수록 애착 대상 없이 스스로 하기를 바라는 부모님, 친구, 선생님, 교육 및 주변 환경의 사회적 압력도 커지게 된다. 이로 인해 어느 정도 나이가 되면 애착 대상에게 의존하고 매달리는 모습은 친구들에게 놀림거리가 되는 등 주변의 곱지 않은 시선을 사게 되고, 아동 스스로도 의존하는 모습이 부끄럽게 느껴지게 된다. 하지만 분리불안을 보다 사회적으로 용인되는 신체 증상, 즉 두통, 오심, 구토, 설사, 발열 등으로 대체한다면 정신적 갈등이나 사회적 비난에 대해 자신을 방어하면서, 동시에 의존의 욕구를 보다 타당하게 충족시킬 수 있게 된다.

둘째, 애착 대상에 대한 의존도를 높여 분리불안이 유지되거나 더 커지게 만든다. 분리불안으로 인해 신체적 증상이 나타나면 보호자는 두통, 복통, 구토 등의 증상을 보이는 아동의

건강에 대해 염려하게 되고 아동을 보호하려는 행동을 하게
된다. 예를 들어, 배가 아프다고 호소하는 아동의 건강이 염려
되어 엄마는 학교에 가지 말고 집에서 엄마와 함께 쉬도록 허
용한다. 이러한 보호행동은 아동으로 하여금 애착 대상에 대
한 의존도를 더 높이게 되고, 분리가 일어날 수 있는 상황에서
불안이 유지되게 하거나 더 커지게 할 수 있다. 반복적인 과잉
보호로 인해 더 높아진 의존도와 분리불안은 아동으로 하여금
다시 신체 증상을 더 빈번하게 호소하게 하는 식의 악순환이
반복되게 할 수 있다. 아울러 애착 대상은 아동의 신체 증상에
만 집중하고 이면에 숨겨진 분리불안은 인식하지 못하여 적절
한 해결책을 찾지 못하게 된다. 이러한 과정을 통해 아동의 증
상과 애착 대상의 행동이 부정적인 상호작용을 반복하여 장애
가 더 심해지는 결과를 가져올 수 있다.

2) 정서적 증상

분리불안장애의 주된 감정적 반응은 애착 대상과 분리될
때 경험하는 불안 및 공포다. 그러나 애착 대상과 떨어져 있는
시간이 길어지거나 분리되는 상황이 반복될 때에는 슬픔과 무
기력 및 우울감을 경험할 수도 있다. 때로는 애착 대상과 떨어
지는 상황에서 애착 대상이나 다른 타인(예: 선생님, 보조 양육자 등)에

게 분노 및 공격성을 나타낼 수도 있다. 이때 분노는 애착 대상과 떨어지지 않으려고 하는 욕구가 좌절된 결과로 나타나는 것이라고 볼 수 있다. 혹은 애착 대상과 떨어지기 전부터 미리 분리되는 상황을 염려하고 걱정하면서 나타내는 불안, 즉 예기불안을 보이며 예민해질 수 있다. 이러한 예기불안은 앞서 말한 신체적 증상과 관련이 높다.

3) 인지적 증상

분리불안장애를 가진 이들이 나타내는 인지적인 증상에는 분리의 주제와 관련된 과도하고 때로는 비합리적인 걱정과 염려, 예상 등이 있다. 이들은 애착 대상과 떨어져 있을 때 애착 대상이 자신을 떠나거나 버릴지 모른다는 생각을 하기 쉽다. 또는 애착 대상의 의지와 상관없는 부정적인 사건들이 일어나서 애착 대상과 분리될 수 있다는 생각을 하기도 한다. 예를 들면, 엄마가 교통사고가 날지 모른다거나, 범죄 피해로 인해 납치, 폭행, 살해 등을 당할지 모른다는 내용이다. 아울러 자신에게 나쁜 일이 생길지 모른다는 생각도 포함된다. 자신이 사고를 당하거나 범죄 피해로 인해 유괴, 납치, 살해 등을 당할지 모른다는 내용이다. 이러한 다양한 불행을 통해 가장 우려하고 걱정하는 것은 결국 애착 대상과 만나지 못하거나 헤어지게 되는 것이라는 점이 공통이다.

이들은 애착 대상과 함께 있을 때조차 분리와 관련된 두려운 생각들을 반복적으로 하며, 이는 언제 애착 대상이 자신을 내버려 두고 나갈지 모른다는 내용과 관련된다. 그렇기 때문에 함께 있을 때에 잠시라도 애착 대상이 곁을 떠나는 것을 참지 못하고 수시로 옆에 있는지 확인한다.

아동이 성장함에 따라 불안과 공포의 인지적 내용은 지각의 발달을 반영하는 경향이 있다(Campbell, 1986). 즉, 어린 아동의 두려움은 전반적이고 비현실적이며, 통제되지 않는 강력한 내용에서 시작하여, 점차적으로 더 구체적이고 분화되며 현실적인 내용으로 변화한다. 이러한 특성을 고려하면, 아동의 분리불안은 가상의 괴물이 엄마를 데려갈지 모른다는 두려움에서부터 질병, 교통사고, 묻지마 살인 등의 불의의 사고를 겪을지 모른다는 보다 분명하고 현실적인 공포로 발전할 수 있다.

이러한 불안과 공포의 인지적 내용들은 진단기준에서 제시되듯 잠자는 동안 꿈을 통해서도 경험될 수 있다. 물론 깨어 있을 때보다 더 환상적이고 비현실적인 내용들로 각색될 수 있겠으나, 결국 꿈의 주제 또한 주된 애착 대상을 잃어버리게 되는 내용으로 재현된다. 이러한 악몽이 반복될 때 수면에도 영향을 미쳐 신체적 · 심리적 상태가 더 나빠질 수 있으며, 결국 불안 증상이 더 심화될 수 있다.

4) 행동적 증상

분리불안장애는 학령 전에는 어린이집이나 유치원, 학령기 이후에는 학교 가기를 거부하는 행동으로 흔하게 발견된다. 이는 일반적으로 등교거부증school refusal, 학교공포증school phobia 등으로 많이 알려져 왔다. 연구에 따르면 분리불안장애의 75% 정도가 등교거부 행동을 나타낸다(Kearney, 2008). 그러나 등교거부 행동을 나타낸다고 해서 모두 분리불안장애로 볼수는 없으며 그 원인은 학업, 또래관계, 교사와의 관계, 품행의 문제 등으로 매우 다양할 수 있다. 등교거부가 심리적 장애와 연관된 경우, 일반적으로 나이가 많은 아동이 만성적으로 등교거부를 나타낼 때에는 우울이나 광장공포증과 관련이 높으며, 반면 나이가 어리고 급작스럽게 나타나며 상대적으로 약한 정도의 등교거부일 때에는 분리불안장애와 관련이 높다고 한다.

그 외에도 집을 떠나지 않으려 하거나 엄마 곁에 그림자 혹은 껌딱지처럼 붙어 있으려는 행동으로 나타난다. 나이가 들어 감에 따라 또래관계가 더 활발해지는 연령이 되었음에도 친구 집에 가서 놀거나 자고 오는 것을 꺼린다거나 학교 캠프, 수련회 등에 가지 않으려는 모습에서 분리불안이 드러나게 된다. 좀 더 성장해서는 독립적으로 여행을 가는 것을 어려워하거나, 대학 진학을 위해 타 지역으로 혼자 옮겨 가는 것을 두려워하는 행동으로 나타날 수 있다. 성인의 경우에는 연인이나 배우자와 떨어져 있는 것을 불안해하거나, 자녀와 떨어지는 것을 힘들어하며 항상 붙어 있으려 할 수 있다. 이러한 행동들은 모두 애착 대상과의 분리에서 경험하는 불안을 피하려는 일종의 '회피행동'으로 볼 수 있다.

반면, 엄마가 곁에 있는지 수시로 확인하거나 아예 붙잡고 다니는 행동, 엄마에게 수시로 전화를 하거나 문자를 보내는 행동, 이와 유사하게 연인 및 배우자, 자녀의 위치나 상황을 수시로 확인하려는 행동은 일종의 '확인행동' 혹은 불안한 상황에서 두려워하는 일애착 대상과의 장기적 · 영구적 분리이 일어나지 않았음을 점검하는 '안전행동'으로 볼 수 있다.

그 외에도 애착 대상과의 분리에 대한 '저항행동'을 보일 수 있는데, 저항행동으로 울화통, 소리 지름, 애원, 위협 등이 있으며 분리 상황을 만드는 대상을 때리거나 욕하는 등 공격적인 모습까지 보일 수 있다. 아울러 애착 대상과 분리되었을 때 위축되거나 일이나 놀이에 집중하지 못하는 행동을 보일 수 있으며, 등교거부로 인해 학업적 어려움이 생기거나 또래 관계에서 고립되는 모습을 보일 수 있다. 또한 애착 대상에게 끊임없이 무언가를 요구 혹은 강요하거나 지속적인 관심을 갈구하는 모습을 보일 수 있으며, 성인의 경우에는 의존적이기나 과도하게 방어적인 모습을 보일 수 있다. 이들의 과도한 요구와 의존은 가족들로 하여금 부담이나 좌절감이 들게 하거나, 형제간에 애착 대상예: 어머니을 차지하려는 경쟁 혹은 가족 간 갈등을 초래할 수도 있다. ◆

◆ **아동의 분리불안 척도**

문항	그렇지 않다	그렇다
1. 최근에 아이가 자주 집에 있기를 원하고 엄마(애착 대상) 없이 학교/유치원 혹은 다른 장소에 가지 않으려고 한 적이 있습니까?	0	1
2. 최근에 아이가 학교/유치원에 가기 전에 두통, 복통 혹은 아프다고 호소한 적이 있습니까?	0	1
3. 최근에 아이가 엄마(애착 대상)와 같이 있을 수 없을 때, 자주 두통과 복통 혹은 아프다고 호소한 적이 있습니까?	0	1
4. 최근에 아이가 가족이 아프거나 죽거나, 가족을 잃어버리거나 혹은 가족과 같이 있지 못하게 되는 내용의 악몽을 많이 꾸었습니까?	0	1
5. 최근에 아이는 잠들기 전에 자기 옆에 엄마(애착 대상)가 있기를 자주 원했습니까?	0	1
6. 최근에 아이가 집 혹은 가족들로부터 떨어져 밤을 보내는 것을 많이 염려하는 것처럼 보였습니까?	0	1
7. 최근에 아이가 엄마(애착 대상)가 사고를 당하거나, 아프거나 혹은 강도를 당하는 것과 같이 나쁜 일이 발생할까봐 자주 걱정했습니까?	0	1

8. 최근에 아이가 엄마(애착 대상)가 떠나 버리거나 돌아오지 않을까 봐 자주 염려하는 것처럼 보인 적이 있었습니까?	0	1
9. 최근에 아이가 길을 잃거나 납치당하는 것과 같이 가족 없이 남겨지는 일이 일어날 것에 대해 염려하는 것처럼 보인 적이 있습니까?	0	1
10. 최근에 아이가 엄마(애착 대상)와 같이 있을 수 없을 때, 매우 불안해하거나 당황해하는 것처럼 보인 적이 자주 있습니까?	0	1
11. 최근에 아이가 엄마(애착 대상)가 자기 없이 어디를 가는 것에 대해 자주 속상해했습니까?	0	1
12. 최근에 아이가 엄마(애착 대상) 없이 여러 주 동안 친구 혹은 친척과 같이 있거나 캠프를 가는 것과 같이 집을 떠났을 때, 엄마(애착 대상)를 그리워해서 매우 속상해 하거나 향수병에 걸렸습니까?	0	1

※ '그렇다'로 대답한 항목이 많을수록 아동의 분리불안이 높다고 볼 수 있다. 진단기준을 고려하고 질문지에 유사한 내용의 항목이 있음을 감안할 때, 5가지 이상에 '그렇다'라고 답한 경우 분리불안이 높은 편에 속한다.

출처: 백지은(2007)에서 인용.

5. 발달에 따른 증상

유아의 낯선 사람에 대한 불안이 커지는 시기는 생후 12개월 전후이며, 이는 유아에게 자신의 애착 대상을 다른 타인과 구별하여 인식할 수 있는 인지적 능력이 나타났음을 의미한다. 동시에 낯선 이에 대한 불안은 애착 대상과는 안정된 애착 관계가 형성되었음을 의미하기도 한다. 아울러 정상적인 분리불안이 절정을 이루는 시기 또한 생후 12개월 전후로 나타난다. 그러므로 아이가 애착 대상을 구분할 수 있고 안정된 애착을 형성하였을 때, 애착 대상은 분리될 때 불안을 경험하고 낯선 이는 접근할 때 불안을 경험하게 되는 것이다. 즉, 아이의 정상적 발달로 인해 애착 대상에게는 분리불안을, 다른 타인에게는 낯선 이 불안을 나타낸다고 볼 수 있다. 이를 통해 분리불안과 낯선 이 불안이 일시적으로 증가하였다가 다시 감소하는 양상은 유아의 발달에서 매우 정상적인 과정으로 볼 수 있으며, 오히려 이러한 과정이 나타나지 않을 때 인지적인 문제나 애착 형성의 문제가 있음을 시사할 수 있겠다.

반면, 병리적 분리불안으로 판단되는 분리불안장애는 학령전기를 포함한 아동기에 주로 발생하며, 청소년기 발병은 상대적으로 드문 편이다. 아동 및 청소년기에 분리불안장애를 나타낸 이들이 집과 가족을 떠나는 것을 두려워하는 것은 성인기 내내 지속될 수 있지만, 분리불안장애를 겪은 많은 아동 및 청소년이 이로 인해 평생 동안 생활의 지장을 받지는 않으며, 나이가 들면서 장애가 사라지는 경우도 많다. 물론 최근 연구에 의하면 아동 및 청소년기에 분리불안장애를 전혀 보이지 않던 이들이 성인기에 분리불안장애를 처음으로 나타내는 경우도 보고되고 있다(Bögels et al., 2013).

분리불안장애를 나타내는 양상은 연령에 따라 다양하다. 이와 관련하여 프란시스Francis 등(1987)은 다음과 같이 아동·청소년기 분리불안의 증상을 구분하였다. 5~8세의 경우에는 애착 대상이 불행한 사건에 처하는 것을 걱정하거나 학교에 가기를 거부하는 증상을 보인다. 때로는 부모나 집 외의 친숙한 환경을 떠나는 것이나 그 환경과 분리되어 무언가 하는 것을 불편해하기도 한다. 아울러 복통, 오심, 구토 등의 소화기계 증상을 많이 나타낸다. 9~12세에서는 과도하게 위축되는 모습이나 무관심, 슬픔 혹은 집중력의 저하를 나타낸다. 13~16세

의 경우에는 학교에 가기 싫어하거나, 두통, 복통, 설사 등의
신체적 증상을 주로 나타낸다.

　발달에 따른 분리불안장애의 양상을 종합적으로 정리해 보
면 다음과 같다. 어린 아동은 학교에 가기 싫어하거나 등교거
부를 나타내며, 불안은 분리 상황을 경험할 때만 주로 나타낸
다. 나이가 들면서 점차 분리에 대해 미리 걱정하는 모습예: 예기
불안이 나타나기 시작하며, 비현실적이고 모호한 위험에 대한
걱정과 불안예: 괴물이 엄마를 납치해 감에서부터 구체적이고 특정한
위협예: 사고, 납치, 강도, 질병, 죽음 등에 대한 걱정이나 애착 대상과
다시 못 만날 것이라는 걱정으로 발전해 간다. 청소년기에는
또래와 어울리는 행동의 중요성이 더 커지면서 친구 집에 놀
러 가거나 자고 오는 것에 어려움을 보이고, 집을 떠나 생활해
야 하는 캠프나 수련회에 참여하는 데 문제를 보일 수 있다.
아울러 청소년기에는 분리불안을 직접적으로 드러내지 못하
고 좀 더 사회적으로 용인되기 쉬운 신체적인 증상을 표면에
드러내기 쉽다. 성인이 되어서는 진학 및 취업을 위해 가족을
떠나 생활하거나, 연애 혹은 결혼과 같은 독립에 어려움을 보
일 수 있다. 이후에는 배우자나 자녀에 대해 지나치게 걱정하
고 이들과 떨어지는 것을 힘들어할 수 있으며, 이들이 어디에
있는지, 위험한 상황에 처한 것은 아닌지 확인하는 행동으로
일이나 대인관계에 지장을 겪기도 한다. 이렇듯 발달단계에

따라 분리불안장애의 양상이 다소 다른 특성으로 나타나지만, 그 구분이 명확하지는 않다. ❖

6. 분리불안장애의 분포

　미국에서 12개월 관찰을 통해 파악된 분리불안장애의 유병률은 아동의 경우 4% 정도이며, 청소년은 1.6%, 성인의 경우에는 0.9~1.9%다. 즉, 아동에서 청소년을 거쳐 성인이 되면서 유병률이 감소하는 양상을 나타낸다. 특히 12세 미만의 아동에게 가장 흔하게 나타난다. 분리불안장애는 가장 이른 시기인 아동기에 발병하고, 아동에게 가장 흔하게 나타나는 심리장애 중 하나다.

　아동기의 분리불안장애는 차후 성인기 병리에 강력한 예측인자가 되며, 성인기에 공황장애, 우울장애, 약물 남용 등으로 발전할 가능성이 높다. 아동의 경우 남녀 차이는 보이지 않으나, 전체 인구로 보면 여성에게 분리불안장애가 더 많이 나타난다. 또한 한쪽 부모가 결손된 아동에게서 더 많이 나타나며, 다른 불안장애와 달리 사회경제적으로 하위 계층에서 더 많이 나타나는 경향을 보인다(Last, Perrin, Hersen, & Kazdin, 1992). ◆

7. 하위 유형

앞서 진단기준에서 짧게 언급한 것처럼 정신장애의 DSM-IV에서는 6세 이전의 이른 시기에 발병하는 '조발성'을 따로 구분하였으나, DSM-5에서는 이 구분이 사라졌다. 그러나 공식적인 진단기준과는 별도로 아이젠Eisen 등의 학자들은 아동의 분리불안장애를 개별적으로 개념화하고 치료하는 데 도움이 되고자, 분리불안장애의 핵심 증상을 몇 가지 차원으로 나누고, 이에 따라 하위 유형을 구분하였다(Eisen, 2008; Eisen & Engler, 2006; Eisen & Schaefer, 2007).

이들이 구분한 핵심 증상의 첫 번째 차원은 '혼자 있는 것에 대한 두려움fear of being alone'이다. 혼자 있는 것이 두려운 아동은 집에 있을 때에도 침실, 화장실, 지하실, 심지어 자기 방에서조차 혼자 있는 것을 싫어하고 두려워한다. 물론 낮 시간보다 밤 시간에 혼자 있는 것을 더 두려워하며, 연구에 의하면

분리불안장애를 보이는 아동들의 50%가 밤에 혼자 자는 데
어려움이 있다고 한다(Hajinlian et al., 2003). 두 번째 차원은 '버
려짐에 대한 두려움 fear of abandonment'이다. 분리불안장애를 가
진 아동들의 83%가 버려짐에 대한 두려움이 있다고 한다
(Hajinlian, Mesnik, & Eisen, 2005). 버려질까 봐 두려워하는 아동
들은 유치원이나 학교에 가기, 과외활동 참여, 친구 집에 놀러
가기 등을 꺼려 하는 행동을 보인다. 혹시 애착 대상과 떨어져
있게 된다면 애착 대상이 가까이 있다는 것이 확실해야 하고,
언제든 연락이 가능해야 한다. 이러한 특성으로 인해 아동은
사회적으로 고립되기 쉽다. 세 번째 차원은 '신체적 질병에 대
한 두려움 fear of physical illness'이다. 신체적 질병에 대한 두려움
을 보이는 아동은 자신의 건강과 신체 증상에 대해 염려와 두
려움을 나타낸다. 이들은 일반적으로 두통, 복통, 메스꺼움 등
을 호소하며, 이러한 신체적 증상은 부모의 관심을 끌거나 부
모로부터의 분리를 막아 주기도 한다. 네 번째 차원은 '재앙에
대한 염려 worry about calamitous event'다. 재앙에 대한 염려를 가진
아동은 자신이나 애착 대상에게 끔찍하거나 불행한 일이 생길
까 봐 걱정하는 모습을 보인다. 이들이 걱정하는 사건에는 교
통사고, 납치, 폭행, 피살 등이 있으며 이러한 사건들에 대해
매우 예민하고 두려워하는 모습을 보인다.

　네 가지 차원 중, 앞의 두 차원혼자 있는 것에 대한 두려움, 버려짐에

대한 두려움은 분리불안의 '회피' 요소가 되며, 뒤의 두 차원신체
적 질병에 대한 두려움, 재앙에 대한 염려은 '유지' 요소가 된다. 즉, 분리
불안장애를 보이는 아동은 혼자 있는 상황과 버려질 것으로
예상되는 상황을 회피하며, 아울러 신체적 질병에 대한 두려
움과 재앙에 대한 염려로 인해 분리불안이 유지되는 것이다.
유지 요소에 대해 좀 더 설명하자면, 신체적 질병에 대한 두려
움은 혼자 있는 것에 대한 두려움을 유지시키기 쉽고, 재앙에
대한 염려는 버려짐에 대한 두려움을 유지시킬 가능성이 높
다. 다시 말해, 신체적 질병에 걸릴까 봐 두려워하는 아동은
언제든 적절한 도움을 받을 사람이 필요하기 때문에 혼자 있
지 못하고 애착 대상을 그림자처럼 따라다닌다는 것이다. 또
한 재앙에 대한 염려는 버려짐에 대한 두려움을 촉발시킬 수
있는데, 이는 갑작스럽게 불행한 사건예: 애착 대상의 교통사고, 납치
등이 일어나게 된다면 불가항력적으로 애착 대상으로부터 버
려질 것이기 때문이다.

아이젠 등은 다음 표에서 제시하는 것처럼, 앞서 제시한 네

◆ **분리불안장애의 하위 유형**

구분	신체적 질병에 대한 두려움	재앙에 대한 염려
혼자 있는 것에 대한 두려움	껌딱지	경보기
버려짐에 대한 두려움	불행 예언자	간시자

가지 차원의 핵심 증상으로 분리불안장애의 하위 유형을 구분하였다.[1]

첫 번째는 '껌딱지follower' 형이다. 이 유형의 아동은 낮 시간에도 혼자 있는 것을 두려워하며 심지어 집에서조차 혼자 방에 있는 것을 싫어한다. 이들은 신체적 질병에 대한 두려움 때문에 혼자 있는 것을 무서워한다. 즉, 언제 아플지 모른다는 두려움이 크기 때문에 혼자 있기를 두려워한다. 이 유형의 아동은 자신의 건강 상태를 늘 체크해 주며 아플 때 옆에 있으면서 돌봐 줄 사람을 필요로 한다.

두 번째는 '경보기visitor' 형이다. 이 유형의 아동은 주로 밤에 혼자 있기를 두려워하며, 이 두려움은 재앙에 대한 염려에 의해 유지된다. 즉, 언제 끔찍한 사고가 일어날지 모른다는 염려 때문에 밤에 혼자 있기를 두려워하는 것이다. 이 유형의 아동이 두려워하는 재앙은 주로 밤에 누군가가 침입해 오는 상황을 말한다. 그러므로 이들은 밤에 침입자를 막아 줄 경호원 같은 존재의 애착 대상을 필요로 한다.

세 번째로 '불행 예언자misfortune teller' 형이다. 이 유형의 아동은 신체적 질병의 발생으로 인해 애착 대상에게 버려지지

---

[1] 4가지 유형 중 '방문자visitor'와 '시간기록원timekeeper'을 각각 '경보기'와 '감시자'로 번역하는 것이 제안된 정의에 더 충실하고, 우리말의 어감과도 더 가깝다고 생각되어 이와 같이 의역하였다.

않을까 두려워한다. 그러므로 이들은 질병의 가능성을 낮춰 줄 수 있는 간호사, 응급구조사 같은 존재가 옆에 늘 있기를 원하며, 애착 대상을 그렇게 여긴다.

마지막은 '감시자 timekeeper' 형이다. 이 유형의 아동은 교통사고, 납치 등의 재앙으로 애착 대상을 잃어버리게 될까 봐 염려한다. 그러므로 애착 대상의 안전을 지켜 줄 경호원 같은 존재가 있기를 바라고, 애착 대상의 안전 여부를 수시로 확인하길 원한다. 이 때문에 애착 대상이 어디에 있는지, 언제 집에 들어오는지 등을 반복적으로 확인하는 행동을 보인다.

이러한 유형의 구분이 진단을 내리는 데 있어 통용되고 있지는 않지만, 개별 사례들을 이해하고 각 사례에 맞게 치료의 방향을 결정하는 데에는 유용하다고 판단된다. 예를 들어, 장애와 관련된 생각의 중요성을 강조하고 변화시키는 인지행동치료에서는 껌딱지와 불행 예언자 유형의 경우 질병 혹은 건강과 관련된 중요한 생각예: '배가 아픈 것은 큰 병이 있음을 나타내는 것이다.'을 다루는 접근이 필요하다. 반면, 재앙에 대한 염려를 보이는 경보기와 감시자 유형의 경우에는 안전이 손상될 것에 대한 염려예: '세상은 위험하고 언제 재앙이 일어날지 모른다.'를 완화시키는 접근이 필요할 것이다. 또한 껌딱지와 경보기 유형의 경우 혼자 있을 때 나쁜 일이 일어나면 감당할 수 없다는 생각예: '나는 너무 약해서 힘든 상황을 혼자 감당할 수 없다.'을, 불행 예언자와 감시자의 경우 부모가 자신을 버릴지 모른다는 생각 예: '엄마가 언제 나를 버리고 집을 나갈지 모른다.' 을 다루는 것이 필요하다. ◆

8. 다른 장애와의 비교

1) 범불안장애

분리불안장애와 범불안장애 모두 높은 불안을 나타내고 가족의 안전에 대한 심한 걱정과 염려를 나타낼 수 있다. 하지만 분리불안장애는 불안이 애착 대상과의 분리에 의해 주로 발생한다는 점이 여러 상황에 만연해 있는 불안과 걱정을 호소하는 범불안장애와 다르다.

2) 공황장애

분리불안장애에서도 분리에 대한 위협이 클 때 극심한 불안이나 심한 경우 공황발작이 나타날 수 있다. 그러나 공황장애가 예상하지 못한 공황발작이 주된 문제가 된다면, 분리불

안장애는 애착 대상과의 분리에 대한 불안이 주된 문제가 된
다. 그러므로 공황장애에 비해 불안과 공포를 일으키는 상황
과 대상이 보다 명확하고 예측 가능하다.

3) 품행장애

두 장애 모두 학교에 결석하거나 등교를 거부하는 행동이
나타나지만, 품행장애의 경우 애착 대상과의 분리에 대한 불
안으로 학교를 빠지는 것이 아니다. 아울러 품행장애를 가진
이들은 대부분 집에 돌아오기보다 오히려 집을 떠나 있으려
한다.

4) 사회불안장애

사회불안장애의 경우에도 등교 거부를 나타낼 수 있다. 하
지만 등교를 거부하는 것은 타인_{주로 또래}에게 부정적으로 평가
받는 것에 대한 두려움 때문이지, 애착 대상과의 분리에 대한
불안 때문이 아니다.

5) 외상후 스트레스 장애

외상 사건 뒤에도 중요한 타인들과 떨어지는 것을 두려워하는 모습이 흔하게 나타난다. 특히 외상 사건 중에 사랑하는 사람들과 떨어져 있었던 경우 더 그러하다. 그러나 외상후 스트레스 장애의 경우에는 외상 사건 자체와 관련된 기억들이 반복적으로 떠오르고 이를 회피하려는 모습을 보이지만, 분리불안장애는 걱정과 회피의 주제가 애착 대상의 안녕과 그들과의 분리에 대한 것이다.

6) 의존성 성격장애

분리불안장애는 주된 애착 대상과 떨어지지 않으려 하고 그들의 안전에 대해 걱정하지만, 의존성 성격장애는 대상을 가리지 않고 의존하며 의존의 대상이 바뀔 수 있다.

7) 경계성 성격장애

경계성 성격장애를 가진 이들도 사랑하는 사람에게 버려지는 것을 두려워하지만, 이외에 정체성 문제, 본인의 성향에 대한 문제, 대인관계 문제, 충동성 등도 핵심 증상이 된다.

8) 동반되기 쉬운 장애

아동은 범불안장애나 특정공포증이 자주 함께 나타나며, 성인은 특정공포증, 외상후 스트레스 장애, 공황장애, 범불안장애, 사회불안장애, 광장공포증, 강박장애, 우울 및 양극성장애, 성격장애가 함께 나타날 수 있다. ◆

9. 모(母)의 분리불안

앞서 설명한 바와 같이 성인의 경우에는 분리불안장애의 유병률이 아동이나 청소년에 비해서 상대적으로 낮다. 하지만 분리불안장애는 성인기까지 유지될 수 있으며, 아동 및 청소년기에 분리불안장애를 경험하지 않았지만 성인이 되어 발병하는 경우도 있다. 이 중에서 모가 자녀에 대해 심한 분리불안을 경험하는 경우도 있다. 모가 자신이 출산하고 양육하는 자녀에 대해 분리불안을 경험하는 것은 어느 정도 자연스럽고 애착 형성에 필요한 과정일 수 있다. 하지만 이러한 분리불안이 심각하고 직업, 대인관계 등 일상생활에 지장을 초래할 경우에는 문제가 될 수 있으며, 특히 DSM-5 이후에는 분리불안장애로 진단 내릴 수 있게 되었다. 자녀에 대한 애착과 관심이 유별난 우리 문화에서 더 빈번하게 발생하는 문제가 될 수 있기에 이에 대해 별도로 살펴보도록 하자.

모의 분리불안은 자녀를 떠나야 하는 상황에서 경험하는 일시적이고 유쾌하지 않은 감정 상태를 말한다. 일반적으로 아이와 떨어지게 되면 염려, 슬픔, 죄책감 및 불편감 등이 수반된다(Hock, McBride, & Gnezda, 1989). 분리불안을 경험하는 부모는 자녀와 분리되는 상황에서 떠나기를 주저하거나, 때로는 대리양육자의 능력이나 성실성에 대해 의문을 표현하기도 한다. 분리된 후에는 아이에 대한 걱정을 자주 표현하고, 전화를 자주 걸거나, 낮 시간에 불쑥 직접 방문하는 경우도 있다. 자녀와 다시 만나는 상황에서는 아이를 자주 혹은 길게 안아 주고 아이가 분명하게 만족하는지, 문제가 없는지를 재차 확인하기도 한다. 때로는 대리양육자에게 아이의 사랑에 있어 질투나 경쟁의 감정을 느끼기도 한다(김민지, 2000).

모의 분리불안은 어느 정도 자연스러운 것이며, 신체적으로 아직 나약한 아이가 자신과 물리적으로 멀어지게 될 때 겪을 수 있는 다양한 위험 예: 사고, 폭력, 질병, 납치 등으로부터 미리 보호하는 기능이 있다. 부모와 자녀의 친밀한 유대관계를 설명하는 애착이론에서도 모의 분리불안을 설명하고 있다(Bowlby, 1969 참조). 애착을 형성하는 기저에는 자녀를 보호하고자 하는 성향이 자리 잡고 있는데, 분리되는 상황에서는 자녀에게 보호, 안정, 만족을 제공하기 위한 모의 능력이 방해받기 때문에 불안이 초래된다고 한다(이영미, 1996).

그러나 이러한 모의 분리불안이 심각한 정도라면 문제가 될 수 있다. 모의 분리불안은 유아기 및 학령전기 자녀의 분리불안에 영향을 미치고(박해도, 2001; 안지영, 도현심, 1998; Mayseless & Scher, 2000; Peleg, Halaby, & Whaby, 2006), 분리사건에 대한 유아의 인식 및 뒤따르는 행동에도 영향을 미친다(박성옥, 1993). 아울러 유아가 어린이집이나 유치원에 적응하는 데에 어려움을 겪는 부정적인 결과까지 초래하게 된다(Peleg et al., 2006). 또한 종단적 연구에서도 유아기 자녀에 대한 모의 분리불안은 학령기 이후 자녀의 분리불안을 예측하는 신뢰롭고 타당한 지표임이 드러났다(Dallaire & Weinraub, 2005).

여러 연구 결과에 의하면 분리불안이 높은 모는 과잉보호적 양육행동을 나타낸다고 한다(김경미, 2003; 김미경, 2007; 유현숙, 고선옥, 2009). 즉, 분리불안이 높은 엄마는 지나치게 아이에 대해 염려하고 응석을 받아 주며, 자녀의 자율성 발달을 방해할 정도로 과도하게 보호하고 도와주는 행동을 하게 된다는 것이다. 과잉보호적 양육행동을 보이는 부모들은 자녀가 부모에게 의존하는 것을 기쁘게 생각하고, 자녀의 욕구를 과도하게 충족시켜 주려 하며, 자녀의 안녕과 만족을 최우선으로 여기고, 자녀 양육에 지나치게 헌신적이다. 아울러 자녀가 조금만 다쳐도 지나칠 정도로 예민하게 반응하고, 자녀의 결점을 직시하지 못하며, 타인의 충고나 조언을 받아들이지 않고 이를 지적할 때 오히려 화를 내기도 한다(박아청, 1998).

그러나 이러한 과잉보호적 양육행동은 아이에게 좋은 결과를 가져올 수 없으며, 자녀가 스스로 탐색하고 실수를 통해 배우는 기회를 빼앗게 되어 내적인 강인함을 기를 수 없게 만든다. 이로 인해 아이는 열등감과 신경증적 증상을 나타낼 수 있고, 삶의 문제를 스스로 극복하고 해결하는 데 어려움을 겪게 된다(Nelson & Erwin, 2000). 결과적으로 과잉보호적 양육행동은 자녀의 불안과 초조 등을 더욱 높일 수 있다(권이종, 2004; Barber, 1996). 그리고 이렇게 유약하고 불안이 높은 자녀의 모습은 모로 하여금 더 높은 염려와 분리불안을 경험하게 할 수 있다. 결국 다음 그림 〈모와 자녀의 분리불안 상호작용〉에서와 같이 모의 높은 분리불안이 과잉보호적 양육행동을 만들어 내고, 이는 자녀의 의존성을 강화시키며, 의존적인 아이는 모에 대한 분리불안이 높아지고, 다시 아이의 높은 분리불안이 모의 분리불안을 높이는 식의 악순환이 반복될 수 있다. ◆

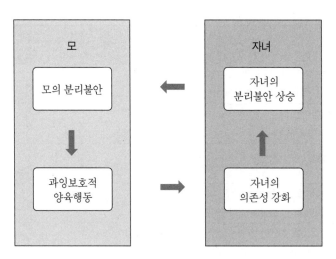

〈모와 자녀의 분리불안 상호작용〉

◆ 모의 분리불안 척도

나는 ...	거의 그렇지 않다.	그렇지 않은 편이다.	그런 편이다.	매우 그렇다.
1. 아이를 다른 사람에게 맡기고 떠나는 순간, 아이를 껴안아 주거나 귀여워해 주고 싶어진다.	1	2	3	4
2. 우리 아이는 다른 사람이나 교사보다 나와 함께 있을 때 더 행복해한다.	1	2	3	4
3. 아이들은 엄마 없이 새로운 장소에 가기를 무서워할 것이다.	1	2	3	4
4. 내가 아이를 다른 사람에게 맡기려 할 때, 나는 그 사람이 아이를 잘 돌보아 줄지 염려될 때가 많다.	1	2	3	4
5. 나는 아이를 껴안아 주면 기분이 좋고, 아이가 없을 때는 몹시 안아 주고 싶은 생각이 든다.	1	2	3	4
6. 우리 아이는 다른 사람이 돌보아 주는 동안에 불편해할 것이다.	1	2	3	4
7. 아이와 떨어져 있으면 나는 쓸쓸하고 아이가 매우 보고 싶다.	1	2	3	4
8. 우는 아이를 어떻게 편안하게 해 줄지는 오직 엄마만이 자연적으로 알 수 있다.	1	2	3	4
9. 나는 아이와 함께 많은 시간을 같이 있고 싶어 한다.	1	2	3	4
10. 나는 누구보다도 내 아이를 가장 안전하게 잘 돌볼 수 있다.	1	2	3	4
11. 다른 사람이 내 아이를 돌보아 줄 때, 내 아이가 나를 몹시 보고 싶어하리라고 생각한다.	1	2	3	4
12. 나는 아이와 떠나 있는 것을 좋아하지 않는다.	1	2	3	4

13. 우리 아이는 누구보다 나와 함께 있는 것을 더 좋아한다.	1	2	3	4
14. 우리 아이는 나와 떨어져 있을 때 두려워하고 슬퍼한다.	1	2	3	4
15. 아이와 떨어져 있는 동안 나는 내 아이가 울고 나를 찾을까 봐 걱정한다.	1	2	3	4
16. 나는 아이와 함께 있지 않으면 즐겁지가 않다.	1	2	3	4
17. 나와 함께 있지 않으면, 내 아이가 낯선 상황에서 결코 편안해하지 않아서 걱정이다.	1	2	3	4
18. 나는 다른 사람에게 내 아이를 맡길 때 걱정된다.	1	2	3	4
19. 다른 사람에게 아이를 맡기는 경우, 나는 그 사람이 아이가 울 때 잘 달래 줄지 걱정된다.	1	2	3	4

※ 총점이 57점 이상일 경우에 모의 분리불안이 매우 높은 것으로 볼 수 있다.

출처: 소언주(2001)에서 인용.

분리불안장애는
왜 생기는가

2

1. 유전 및 생물학적 원인

　분리불안장애의 발생에는 유전적인 요인이 있을 수 있다. 특정 질병에 있어 유전의 영향이 얼마나 큰지 살펴보기 위해 많이 활용되는 연구는 쌍둥이들 간의 일치율이 얼마나 높은지 보는 것이다. 유전적으로 유사한 쌍둥이들이 해당 질병을 모두 나타낸다면 그만큼 유전적인 영향이 크다는 것이다. 연구에 의하면 6세 쌍둥이에서 분리불안장애의 일치율이 73%로 나타났다. 즉, 한쪽이 분리불안장애를 가지고 있을 때 다른 한쪽도 분리불안장애를 가지고 있을 가능성이 73%나 되었던 것이다. 이는 분리불안장애에 유전적 원인이 매우 클 수 있음을 시사한다. 특히 여자아이의 경우가 남자아이보다 더 유전성이 높게 나타났다. 아울러 분리불안장애를 나타내는 아동의 부모는 어린 시절에 유사한 장애를 나타낸 경우가 많았다. 또한 모가 공황장애일 때 자녀가 분리불안장애가 되는 경우가 많았다

(APA, 1994; Beidel & Turner, 1997).

아동이 태어날 때부터 가지고 있는 생물학적 기질도 분리불안장애의 발병과 관련이 높은 것으로 보인다. 특히 낯선 환경이나 사람들 또는 물건에 직면했을 때 위축되는 경향인 '행동억제' 기질을 타고난 아동이 분리불안장애를 나타내기 쉽다. 아울러 어릴 때부터 예민하거나 낯가림이 심한 아동, 또는 강박적이고 미숙하며 의존적인 성향이 강한 아동에게 심한 분리불안이 흔히 나타난다(염숙경, 2002; Rosenbaum et al., 1992).

분리불안장애가 발생되는 데 있어 씨앗이 될 수 있는 기질에 대해 좀 더 자세하게 살펴보자. 클로닌저Cloninger 박사는 그의 심리생물학적 인성모델(Cloninger, Svrakic, & Przybeck, 1993)에서 선천적이고 생물학적인 기질을 4가지로 분류하였다. 이에는 새로운 자극이나 보상을 접할 때 행동이 활성화되는 경향인 '자극 추구', 처벌이나 위험 신호에 대한 반응으로 행동이 억제되는 경향인 '위험 회피', 관계적인 애착에 대한 의존성이 높은 경향인 '사회적 민감성', 그리고 한 번 보상된 행동을 지속하는 경향인 '인내력'이 있다. 이러한 기질의 분류에 따르면 위험회피가 높고, 동시에 사회적 민감성이 높은 아이들이 분리불안장애에 걸릴 가능성이 높은 것으로 나타났다(Mertol & Alkin, 2012). 즉, 쉽게 위축되고 겁이 많으며, 다른 사람과의 애착을 강하게 추구하고 이에 영향을 많이 받는 기질을 타고 난 아이들이 애착 대상과 분리되는 상황에서 높은 분리불안을 경험하기 쉬운 것이다. 이렇듯 분리불안장애는 유전 및 생물학적 원인에 영향을 많이 받지만, 이러한 선천적인 요인에 의해 장애가 결정되는 것은 아니며 부모의 양육태도나 가족배경과 같은 환경적이고 후천적인 요인에도 영향을 많이 받는다. ◆

2. 애착과 부모의 양육방식

앞서 말한 바와 같이 타고난 기질이 분리불안장애의 발생에 영향을 미치는 것은 사실이지만, 타고난 기질만으로 분리불안장애가 발생하지는 않는다. 아동의 기질은 부모와의 애착관계 혹은 부모의 양육방식과의 상호작용을 통해 분리불안장애 발생에 영향을 미칠 수 있다. 즉, 앞서 말한 분리불안장애를 일으키기 쉬운 기질을 가진 아이들 중에서 부모와의 애착관계가 잘못 형성되거나 부모의 잘못된 양육방식을 경험한 아이들이 분리불안장애를 나타내게 되는 것이다. 그러므로 아이의 타고난 기질을 변화시키는 것이 불가능하다면, 변화 가능한 부모와의 애착관계와 부모의 양육방식을 이해하고 건강하게 형성하는 것이 현명한 행동일 것이다. 이를 위해 부모와의 애착과 부모의 양육방식에 대해 자세히 살펴보도록 하자.

'애착attachment'은 한 사람이 다른 사람과 정서적인 유대관계를 맺는 것을 말하며, 일반적으로 아이가 양육자와 깊은 유대관계를 형성하는 과정을 의미한다. 아이에게 있어 모와의 애착은 인간관계의 시작이며, 건강한 애착이 이루어진 아이는 엄마를 안전한 기지로 삼아 세상을 적극적으로 탐색하고 경험하려 한다. 아울러 주변 환경을 탐색하는 과정에서 좌절이나 고통을 경험할 때는 엄마에게 돌아와 안정감과 위로를 얻고 다시 탐색활동을 재개하게 된다.

에인즈워스 Ainsworth 등은 유아의 애착행동을 '안정적 애착, 양가적 애착, 회피적 애착'의 3가지 유형으로 나누었으며(Ainsworth, 1973; Ainsworth, Blehar, Waters, & Wall, 1978), 이후에는 '혼란성 애착'이 추가되었다(Main & Soloman, 1986). 첫째, 안정적 애착 secure attachment 을 이룬 유아는 엄마를 안전기지로 여기고 두려움 없이 낯선 상황을 적극적으로 탐색하며, 엄마가 떠났다가 돌아오면 엄마를 환영하고 엄마에게 다가가는 모습을 보인다. 아울러 친숙한 상황에서는 엄마가 잠시 떠나는 것에 대해 크게 불안을 보이지 않는다. 둘째, 양가적 애착 ambivalent attachment 을 보이는 유아는 엄마가 곁에 있어도 잘 울고 보채지만, 엄마가 떠나면 극심한 불안을 보인다. 엄마가 다시 돌아오면 엄마를 반기는 듯하지만, 엄마가 위로하고 달래려 할 때에는 화내거나 밀쳐 버리는 등의 이중적인 행동을 보인다. 아울러 쉽게 위로받지 못하고 감정적으로 불안정한 상태를 보인다. 셋째, 회피적 애착avoidant attachment을 보이는 유 아는 엄마가 떠나도 별 동요를 보이지 않으며, 돌아왔을 때 엄 마와 접촉을 별로 원하지 않고 울지도 않는다. 아울러 낯선 사 람이 다가와도 크게 당황하지 않는 모습을 보인다. 넷째, 혼란 성 애착disorganized attachment을 보이는 유아는 앞서 말한 3가지 유형에 분류될 수 없는 유아들로, 엄마와 다시 만날 때 일관성 없고 혼란스러운 행동을 보인다. 4가지 애착 유형 중 첫 번째를 제외한 나머지 유형들은 모두 불안정 애착으로 볼 수 있으며, 분리불안장애를 가진 아이들은 불안정한 애착을 형성하고, 그 중에서도 주로 양가적 애착을 형성한 아이들로 볼 수 있다.

엄마와의 애착뿐만 아니라 아빠와의 애착에 대한 연구들도 있다. 특히 엄마에 대한 애착이 불안정할 때 아빠와의 애착은 이를 보완해 주는 좋은 방안이 되기도 한다(Main & Weston, 1981). 그러나 상대적으로 모와의 애착이 부와의 애착보다 유 아의 긍정적 성장에 더 크게 기여한다. 특히 우리나라의 경우, 서구에 비해 아이의 모에 대한 안정적 애착이 더 높은 경향(박 응임, 1995)을 보이지만, 반면에 부와는 안정적 애착이 더 낮은 경향을 나타내었다(이영환, 1992). 이는 우리나라의 아빠들이 늦은 퇴근시간, 과도한 업무량 그리고 무관심 등으로 양육에 참여하는 정도가 낮은 현실을 고려할 때 당연한 결과로 여겨 진다. 그러므로 우리나라의 경우 모와의 애착형성이 아이에게 미치는 영향이 더 클 것으로 예상되며, 분리불안 역시 모와의 애착형성이 매우 중요한 역할을 할 것으로 보인다. 하지만 이를 뒤집어 생각해 보면 우리나라에서는 아빠가 아이와 애착형성을 제대로 하지 못하고 있음을 보여 주며, 직장맘이 많은 실정을 고려해 볼 때 엄마들은 일과 양육의 책임을 고스란히 혼자 짊어질 가능성이 높을 것으로 시사된다.

부모의 양육태도와 방법은 부모 자신이 자라온 경험, 교육, 사회경제적 능력, 문화 등의 영향을 받는다. 분리불안장애를 보이는 아이들의 경우에는 대부분 부모의 '과잉보호적' 양육태도가 문제가 되는 것으로 보인다(Benedek, 1970). 과잉보호적 양육태도는 아동의 독립성을 약화시키고 의존성을 강화함으로써 분리불안이 더 커지게 만든다(Ehrenreich, Santucci, & Weinrer, 2008). 여기서 부모의 양육태도를 좀 더 세분해서 살펴보도록 하자.

맥코비Maccoby와 마틴Martin(1983)은 부모의 양육태도를 '통제'와 '수용'의 두 차원으로 분류하였다. 통제가 규칙이나 지침을 제시하고 지키도록 '이끄는 것'이라면, 수용은 아이의 요구나 감정을 배려하고 '받아들이는 것'을 의미한다. 다음 표 〈부모 양육태도의 유형〉에서 보는 바와 같이 통제와 수용의 여부에 따라 부모의 양육태도가 4가지 유형으로 나누어진다. 첫째, '권위 있는' 부모는 통제와 수용을 모두 제공하는 유형

◆ 부모 양육태도의 유형

구분	수용 있음	수용 없음
통제 있음	권위 있는 부모	권위주의적 부모
통제 없음	허용적 부모	방임적 부모

으로, 행동의 기준을 정해 주고 아동이 따를 것을 기대하면서 동시에 자녀들에게 관심이 많고 애정적이며 자녀들의 의사를 존중해 준다. 따라서 아동은 안정적이며 쾌활하고 호기심 많고 자기존중감과 자기통제력을 가진 아이가 될 가능성이 높다. 둘째, '권위주의적' 부모는 통제는 있으나 수용은 제공하지 않는 유형으로, 자녀에 대한 요구가 많고 통제적이며 무조건적 복종과 규율의 준수를 강요한다. 아울러 훈육은 지나치게 엄격하고 처벌적이다. 따라서 아동은 자기존중감이 결여되고 부모에 대한 분노와 불만 그리고 두려움을 경험한다. 셋째, '허용적' 부모는 통제는 없고 수용만 제공하는 유형으로, 아동의 요구를 무조건 들어주고 통제나 제한을 두지 않는다. 따라서 아동은 자기중심적이고 자기통제력이 부족하며 의존적이면서 이기적이고 책임감이 결여되어 있다. 넷째, '방임적' 부모는 통제도 수용도 제공하지 않는 유형으로, 아이를 제대로 돌보지 않는다. 따라서 아동은 애착이 결여되거나 사회성 및 지능의 발달에 문제를 보이고, 만성적인 우울이나 버려진 느

낌을 갖기 쉽다. 이러한 4가지 유형으로 볼 때, 분리불안장애
를 가지는 아동들은 지나치게 허용적인 부모 밑에서 자란 경
우가 많을 것으로 보인다. 부모가 과도한 보호와 관심으로 아
동을 양육하기 때문에 아동은 애착 대상에게 지나치게 의존하
고 매달리는 모습을 보이고, 스스로 문제를 해결하는 능력이
부족하기 때문에 분리를 경험할 때 과도한 불안을 경험하게
된다. ◆

3. 부모와 자녀의 상호작용

기존 연구에 따르면 불안장애가 있는 부모에게 분리불안장애 자녀가 많이 나타났다(APA, 1994). 심리적으로 불안한 부모는 아동이 또래들과 어울리거나 혼자 해낼 수 있는 상황에서도 지나치게 걱정하고 불안해하며 곁에 두려는 등 과잉보호를 한다. 특히 아동이 정상적인 불안을 경험할 수 있는 상황에서도 부모가 이를 미리 염려하고 차단하려는 노력을 할 수 있다. 예를 들면, 아동에게 몸이 부딪힐 수 있는 격한 운동은 절대 시키지 않는다든지, 친지의 장례식에 데려가지 않는 것과 같은 보호행동을 보일 수 있다. 과잉보호를 받은 아동은 또래와의 상호작용이나 스스로 해내는 경험이 결핍되어 결국 또래관계를 맺고 유지하는 능력이 부족해지며, 성취를 위한 수행에 대해서도 심한 불안을 경험하여 부모에게 의존하고 분리를 경험할 때 불안이 커지게 된다. 이러한 아동의 불안과 무능력은 다시 부모의 걱정과 불안을 유발하는 악순환을 낳게 한다. 분리불안과 관련해서 아동이 신체 증상예: 복통, 두통, 메스꺼움, 어지러움 등을 호소하면 결석을 쉽게 허용하고, 혼자 잠자기 무서워하거나 악몽을 호소할 때 곁에서 재우는 등 부모의 순응행동은 아동의 분리불안을 강화한다.

앞서 소개한 바와 같이 모의 분리불안이 높은 경우에도 아동의 분리불안이 증가하며(박해도, 2001), 분리를 부정적으로 인지하는 어머니의 태도는 아동이 분리불안을 극복하려는 행동을 저해하게 된다(Hock & Clinger, 1980). 불안이 심한 모는 자녀가 자신으로부터 분리될 때 뿌듯해하고 격려하기보다 염려와 불안을 보인다. 심한 경우에는 자녀가 분리되려 할 때 위협적인 말이나 냉담한 태도를 보임으로써 자녀의 불안을 자극한다. 특히 청소년기에 모를 벗어나려 하고 친구들에 대한 관심이 높아질 때, 이러한 분리를 무관심 혹은 반항으로 여겨 수용하지 못하고 직접 혹은 간접적으로 분리에 대해 서운함을 표현하거나 반대 혹은 위협을 할 수도 있다. 즉, 자녀가 발달적으로 건강한 독립을 하는 것에 대해 좋지 않은 인식을 가지고 있으며, 이를 받아들일 준비가 되어있지 않은 것이다.

한편, 아동의 강한 기질적 특성이 부모의 양육태도에 영향을 미치는 경우도 있다. 앞서 말한 바와 같이 낯선 상황에서 쉽게 위축되는 행동억제 기질이나, 이와 유사하게 위험이나 나쁜 결과를 미리 피하려는 위험회피 기질이 매우 강한 아동은 자주 위축되고 불안한 모습을 보인다. 이러한 기질적 특성이 강한 아동은 또래관계 적응이 어렵고 스스로 대처하는 능력이 떨어지기 쉬우므로 부모의 불안을 높이게 된다. 그리고 불안해진 부모는 그렇지 않은 자녀에 비해 더 과잉보호하는 태도를 보인다. 부모의 과잉보호는 다시 아동이 스스로 대처하는 법을 학습할 기회를 줄이고, 결과적으로 더 불안하고 위축되며 의존적인 경향을 보이는 악순환이 반복된다.

특히 태어날 때부터 신체적으로 약하거나 선천적인 질병이 있는 경우 혹은 사고로 신체적 결함을 가지게 된 아동의 경우에는 부모가 늘 걱정하고 작은 일에도 노심초사하게 되어 아동을 과잉보호하기 쉽다. 결국 과잉보호를 받은 아이는 더욱 불안하고 의존하게 되는 악순환이 일어난다. 특히 두통, 복통, 어지러움 등의 불안을 반영한 신체 증상과 타고난 신체적 결함으로 인한 증상은 부모의 주의를 끌게 하고 부모로부터의 분리를 막아 주며, 스트레스 상황에서 벗어나게 하는 등 아동이 원하는 결과를 가져오기 쉽다. 이러한 이유로 분리불안장애 아동들에게 신체적 증상이 빈번하게 나타나거나 심해지는 신체화가 발현되기 쉬우며, 부모와 분리가 끝나는 즉시 이러한 신체 증상이 경감되거나 사라지는 경우도 흔하게 관찰된다. 분리불안과 관련되어 부모와 자녀의 상호작

용을 간단하게 정리하면 다음 그림 〈부모와 자녀의 상호작용〉
과 같다. ◆

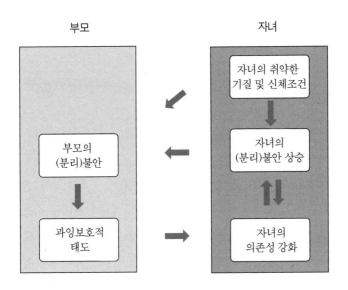

〈부모와 자녀의 상호작용〉

4. 생활사와 환경

분리불안장애는 종종 몇몇의 생활사건 후에 발생하기도 한다. 이에는 가족 및 친지나 애완동물의 죽음과 같은 상실, 동생의 출생, 모의 직장 출근, 본인이나 가족 및 친지의 질병, 전학이나 이사, 부모의 불화 및 이혼, 애착 대상과 분리를 경험하게 한 사고예: 모의 교통사고와 입원 등의 스트레스 사건들이 있다. 아동·청소년이 아닌 초기 성인의 경우에는 진학 혹은 취업의 목적으로 부모의 집을 떠나거나, 연애를 시작하거나 부모가 되는 등의 사건 후에 분리불안장애가 발생할 수 있다. 이와 같은 스트레스 사건이 모든 분리불안장애에 선행되는 것은 아니지만, 분리불안장애의 유발에 중요한 역할을 했을 가능성이 있다(이정윤, 박중규, 2002).

부모 간에 갈등이 생길 때 심하게 다투거나 폭력을 행사하는 상황은 아이들의 불안을 유발할 수 있으며, 특히 모가 아이

들이 듣는 상황에서 '죽어 버리겠다.' '집을 나가겠다.' 는 식
의 말을 반복적으로 할 때 아이의 불안이 심화될 수 있다. 또
한 동생이 태어났을 때, 모와 가족들의 관심이 동생에게 집중
되어 '엄마의 사랑을 동생에게 빼앗기지 않을까?'라는 두려
움이 커지면서 모에게 집착하고 분리불안을 나타낼 수 있다.
혹은 가족이나 친척 중 누가 사망하거나 질병으로 입원할 경
우, '엄마도 저렇게 갑자기 죽거나 아파서 못 보게 되지 않을
까?' 하는 두려움이 생겨날 수 있다. 그리고 엄마의 출산, 입
원, 업무 혹은 가족의 경제적 문제, 부모 간의 불화 등으로 아
이가 일시적으로 모로부터 떨어지는 경험을 하였을 때, '또 다
시 엄마로부터 떨어지게 되지 않을까?' 하는 불안이 커질 수
있다. 그 외에도 한쪽 부모가 결손된 아동과 사회경제적으로
낮은 계층인 경우에 분리불안장애가 더 많이 나타난다. 이는
결손가정의 경우 남아 있는 한쪽 부모마저 잃어버리게 되지
않을까 하는 불안이 커지기 쉽기 때문으로 생각된다. 아울러
사회경제적으로 어려움을 겪는 가정일 경우, 애착 대상이 경
제적인 어려움 등으로 인해 아이와 애착 형성을 위한 충분한
시간과 에너지를 사용할 수 없어서 불안정한 애착이 발생할
수도 있다. ❖

5. 문화적 요인

어느 정도까지가 정상이며, 어느 정도 이상이 비정상인지의 기준은 문화의 영향을 받을 수 있다. 서구의 개인주의 문화에 비해 동양의 집단주의 문화는 가족 간의 끈끈한 유대를 보다 중시 여기고, 자녀들의 부모에 대한 의존을 상대적으로 늦게까지 허용하여 자연스럽게 심리적 · 사회적 · 경제적 독립을 늦어지게 한다. 예를 들어, 자녀가 언제까지 용돈을 받을지, 언제쯤 부모를 떠나서 생활하는 것이 허용되는지 등은 문화에 따라 차이가 나기 마련이다. 따라서 가족 구성원들 간의 강한 유대감을 높이 평가하는 문화와 장애로서의 분리불안은 세심하게 구별되어야 한다. 그러므로 같은 정도의 분리불안을 보일지라도 해당 문화의 기준을 고려하여 진단을 내리는 것이 필요하겠다. 즉, 동양 문화권의 경우 서양에 비해 의존이나 분리불안에 대해 보다 허용적인 입장을 취할 필요가 있다.

특히 우리나라의 경우 자녀들이 부모를 떠나서 스스로 생활하고 일하며 가정을 이루는 시기가 비교적 늦은 편에 속하며, 사회 전반적으로 점점 더 늦추어지는 경향이 있다. 아울러 이와 관련하여 다양한 신조어가 나타나고 있다. 예를 들어, '헬리콥터맘'이란 헬리콥터처럼 자녀의 곁을 맴돌며 성인이 된 자녀들까지도 챙겨 주는 모를 지칭한다. 이들은 자녀의 대학 학점을 관리하기 위해 지도교수를 직접 찾아가기도 하고, 자녀의 월급을 직접 관리하고, 심지어 자녀가 만날 배우자까지 결정하기도 한다. 한편, '캥거루족'이라는 용어도 있다. 이들은 학교를 졸업하고 자립할 나이가 되었음에도 취직을 하지 않거나, 취직을 해도 독립적으로 생활하지 않고 부모에게 경제적으로 의존하는 20~30대를 말한다. 심지어 이 캥거루족들은 자라서 '빨대족'이 되기도 한다. 빨대족은 30대 이후에도 실업과 늦은 결혼 등으로 독립하지 못하고 부모의 경제적 도움에 기대어 사는 사람들을 말한다. 빨대족이라는 명칭은 부모의 연금을 빨아먹고 산다고 해서 붙여졌다. 이러한 빨대족은 급속하게 증가하고 있다. 통계청의 인구주택 총 조사에 따르면, 가구주인 부모와 동거하는 30~49세 연령의 자녀는 2000년 25만 3,244명에서 2010년 48만 4,663명으로 두 배 가까이 급증하였으며, 2011년 말을 기준으로 50만 명이 넘었을 것으로 추정된다. 물론 경제적 독립이 부모로부터의 분리 혹은 독립의 유일한 기준은 아니며, 이러한 사회적 현상이 분리불안장애의 만연함을 의미하는 것도 아니다. 하지만 부모가 지나치게 자녀를 놓아 주지 못하고 자녀는 부모에게 지나치게 의존하는 분위기가 팽배함을 볼 때, 우리나라가 어떤 면에서 분리불안이 점점 더 연장되고 강화되는, 소위 '분리불안 사회'가 아닌가 하는 생각이 들기도 한다. ◆

6. 정신역동 이론

정신역동 이론에 대해 언급하면 아마도 가장 먼저 창시자인 프로이트Freud가 떠오를 것이다. 하지만 분리불안장애를 이해하는 데에는 프로이트보다 마가렛 말러Margaret Mahler의 이론을 살펴보는 것이 보다 적절할 것이다. 이는 마가렛 말러가 평생 아동들을 대상으로 연구하고 치료를 실시하였으며, 아동의 발달이론을 확립하여 분리불안장애를 이해하는 데 도움을 주었기 때문이다.

마가렛 말러 등(1973)은 아동이 모로부터 심리적으로 분리되어 독립된 개인으로 발달하는 과정을 '분리-개별화 과정separation-individuation process'이라 지칭하였다. 이 단계는 크게 세 단계로 구분된다. 첫 번째는 정상적 자폐단계normal autistic phase로, 생후 첫 2개월까지에 해당된다. 이때 신생아는 외부 현실을 제대로 인식하지 못하는 자폐적인 상태이며 많은 시간 잠을 자면서 지낸다. 두 번째는 정상적 공생단계normal symbiotic phase로, 2개월에서 6개월에 해당된다. 이 시기에 영아는 웃음을 보이고 모의 얼굴에 눈을 맞춘다. 이때 영아는 모의 존재를 희미하게 인식하지만, 모와 하나의 존재인 것처럼 느낀다. 세 번째는 분리개별화 단계separation individuation phase로, 유아는 자신과 모의 구분을 인식하는 '분리 과정'과 자아와 정체감을 발달시키는 '개별화 과정'을 경험하게 된다. 마지막의 분리개별화 단계는 다시 네 단계로 구분될 수 있다.

분리개별화의 네 단계는 '부화hatching 단계, 연습practicing 단계, 재접근rapprochement 단계, 대상항상성object constancy 단계'로 구분된다. 첫 번째 부화 단계는 6개월부터 10개월까지로, 영아는 지속적으로 깨어 있는 각성 상태를 유지하며 알에서 부화하는 것처럼 모와 자신이 별개의 존재임을 희미하게 인식하기 시작한다. 두 번째 연습 단계는 10개월에서 16개월까지로, 기고 걷는 등 새로이 획득한 신체적 운동능력으로 모로부터 떨어져 외부환경을 능동적으로 탐색하는 동시에 자신감과 전능감이 확대된다. 이 단계에서 유아는 자신이 모와 분리된 존재임을 명료하게 의식하지 못하며, 재충전을 위해 모에게로 자주 돌아온다. 세 번째 재접근 단계는 16개월에서 24개월까지로, 유아는 전단계의 자기애적인 전능감이 줄어들고 자신이 거대한 세계에 존재하는 매우 작은 존재임을 인식하면서 분리불안을 경험하고 다시 모와 가까이 있으려 한다. 이 단계에서 유아는 한편으로는 모에게 매달리고 싶고, 다른 한편으로는 세상을 탐색하고 싶은 갈등을 경험하면서 불안정하고 양가적인 모습을 보인다. 마지막 대상항상성 단계는 24개월에서 36개월까지로, 유아는 모가 자신과 개별적인 존재임을 명확히 인식한다. 동시에 내면화 과정을 통해 모에 대한 심리적인 표상을 마음속에 가진다. 즉, 모가 눈앞에 없을 때에도 모에 대한 상image을 마음속에 간직하여 안정적인 지지와 위로를 받을 수 있게 된다.

이러한 분리개별화 과정을 통해서 유아는 모를 일관적이고 통합된 심상으로 내면화할 수 있게 되어, 분리불안을 극복하고 독립적인 존재로 일어설 수 있게 된다. 하지만 분리개별화 과정에서 유아와 엄마 모두 복잡한 정서적 · 행동적 상호작용을 경험한다. 모는 자신에게서 분리하려는 유아의 행동에 불안을 경험하고 과도하게 보호하거나 혹은 공격적인 반응을 보일 수 있으며, 반면에 유아는 모의 다양한 모습, 즉 좋은 모습과 나쁜 모습을 전체적으로 통합하여 하나의 내면적 표상을 형성한다. 이러한 과정이 순조롭지 못하면 유아는 건강한 분리와 개별화를 경험하지 못하고 모에 대한 안정된 마음속 표상을 형성하지 못하게 된다. 즉, 모가 눈에 보이지 않아도 자기 내면에 존재하는 인식인 대상항상성이 형성되지 못하여, 눈앞에 보이지 않으면 불안에 떨게 되고 분리 상황에서 모에게 매달리거나 집착하는 분리불안장애를 나타낼 수 있다. 그러므로 분리불안장애를 겪지 않기 위해서는 유아가 정상적인 분리개별화 과정을 통해 모에 대한 긍정적이고 통합된 표상을 형성하고 성공적인 분리와 개별화를 이루는 것이 중요하다. ◆

7. 인지행동 이론

인지행동 이론에서는 내담자 혹은 환자가 보이는 정서적·행동적 문제들이 개인의 인지적인 왜곡에 의해서 나타난다고 가정한다. 이러한 모형을 '인지매개가설'이라고 하며 다음 그림 〈인지매개가설〉과 같이 제시될 수 있다. 즉, 우리가 어떤 사건을 겪게 되면 그 사건을 각자의 믿음 혹은 생각을 통해 해석하며, 그 결과로 다양한 감정을 경험하고 행동을 나타낸다는 것이다. 그림 〈건강한 아동의 예〉처럼, 심리적으로 건강하고 모와의 애착이 잘 형성된 아동은 모가 슈퍼마켓에 잠시 가는 상황에서 '엄마는 나갔다가 금방 돌아올 거야.'와 같은 생각을 하고 안심하는 감정을 가지며 자기가 놀던 행동을 계속한다. 그러나 그림 〈분리불안장애 아동의 예〉의 경우 아동은 똑같이 엄마가 슈퍼마켓에 가기 위해 잠시 외출하는 상황에서 '엄마가 안 돌아올지 몰라. 엄마에게 교통사고가 날지도 몰

$$A \rightarrow B \rightarrow C$$

Antecedent (선행사건)	Belief (믿음 혹은 생각)	Consequences (결과: 감정, 행동)

〈인지매개가설〉

$$A \rightarrow B \rightarrow C$$

선행사건: 엄마가 잠시 슈퍼마켓에 다녀오려 함	믿음(생각): '엄마는 나갔다가 금방 돌아올 거야.'	결과: 안심, 계속 놀이에 집중함

〈건강한 아동의 예〉

A → B → C

선행사건: 엄마가 잠시 슈퍼 마켓에 다녀오려 함	믿음(생각): '엄마는 안 돌아올지 몰라.' '엄마에게 교통사고 가 날지도 몰라.'	결과: 강한 불안, 엄마에게 매달림, 놀이에 집중하지 못함

〈분리불안장애 아동의 예〉

라'와 같은 염려를 한다. 그 결과 아동은 매우 불안한 감정을 경험하고 엄마가 못 나가게 매달리고 울거나, 엄마가 돌아올 때까지 다른 일에 집중하지 못하며 안절부절하지 못하는 모습을 보인다.

연구에 의하면 분리불안장애를 가진 아동들은 중요한 애착 대상을 갑자기 상실하게 될지 모른다거나, 그 애착 대상과 헤어지게 될지 모른다는 지나치게 부정적이고 합리적이지 않은 생각을 많이 한다고 밝혀졌다. 그리고 그러한 부정적 생각은 강한 불안을 일으켰다(Bell-Dolan, Reaven, & Peterson, 1993). 아울러 이들은 건강한 아동들에 비해 모호한 상황을 더 위험한 것으로 해석하고, 동시에 그 위험에 대처할 수 있는 자신들의 능력을 낮게 평가하였다(Bögels & Zigterman, 2000). 또한 부모나 자신에게 예상치 못한 나쁜 사고가 생길지 모른다는 생각이나, 부모가 자신을 버릴지도 모른다는 생각, 그리고 자신이 신체적인 질병에 걸릴지 모른다는 생각들도 많이 하는 것으로 나타났다. 그리고 실험연구에서 이들은 행복한 얼굴이나 중성적인 얼굴보다 위협적인 얼굴에 더 많은 주의를 기울이고, 분리를 나타내는 그림에 더 많이 응시하는 모습을 보였다(In-Albon, Kossowsky, & Schneider, 2010; Roy et al., 2008).

이러한 부정적인 정보 처리와 생각들은 분리불안장애를 가진 아동들에게 강한 분리불안을 유발하고, 그로 인해 지나치게 부모에게 매달리거나 집이나 부모 곁을 떠나지 못하며, 부모와 분리되어 있을 때에는 수시로 전화를 하거나 부모의 상태를 확인하는 등의 행동을 나타내게 할 수 있다. 아울러 이러한 패턴들은 유치원이나 학교 적응, 또래관계, 학업 등에 막대한 지장을 초래할 수 있다. 그러므로 인지행동적인 접근에서는 불안을 일으키는 부정적이고 비합리적인 생각을 관찰하고, 보다 긍정적이고 합리적인 생각으로 변화시키는 방법들을 배우게 된다. 그리고 불안한 아동은 인지행동적인 작업을 통해 자신의 부정적인 생각을 살펴보고 보다 긍정적으로 변화시켜 결과적으로 신체, 감정, 행동에서의 호전을 경험한다. 그 외에도 불안과 관련된 신체감각을 직접 관리하는 법을 배우거나, 다양한 상황에서 문제에 대처할 수 있는 구체적인 기술들을 배운다. 이에 대해서는 다음에 소개되는 치료와 관련된 3장에서 자세히 설명하도록 하겠다. ◆

분리불안장애를
어떻게 치료할 것인가

3

1. 도입

　이 장에서는 분리불안장애를 어떻게 치료하는지에 대해 다루고자 하며, 이에 대해 논의하기 위해 두 가지를 고려하였다. 첫째, 여러 치료적 접근 중 인지행동치료를 중심으로 기술하였다. 분리불안장애를 치료하는 접근에는 정신역동치료, 인지행동치료, 놀이치료, 가족치료, 약물치료 등 여러 가지가 있다. 그중에서도 인지행동치료가 분리불안장애와 관련되어 가장 많은 과학적 연구가 이루어졌으며, 아울러 다양한 치료 모듈이 개발되었다. 그리고 그 효과가 반복적으로 입증되었기 때문에, 인지행동치료를 중심으로 설명하고 다른 접근들에 대해서는 간략하게 정리하였다. 둘째, 치료 대상에 있어 아동 및 청소년을 위주로 하는 치료적 접근을 중심으로 기술하였다. 그 이유는 앞서 살펴본 바와 같이 아동 및 청소년기 분리불안장애의 발병률이 성인에 비해 높기 때문이며, 치료를 위해 전문적인 도움을 요청하는 경우도 대부분 아동 및 청소년이기 때문이다. 아울러 현실적으로 최근에 개정된 DSM-5 이전에는 분리불안장애를 18세 이전에 발병한다고 보고 소아청소년기 장애로 간주하였기에, 성인 분리불안장애에 대한 연구가 부족하였고 성인을 위해 특화된 치료법 또한 개발되지 못하였다. 그러므로 차후 성인 분리불안장애의 치료를 위해 초점화된 연구와 치료적 접근이 필요하다. 하지만 앞으로 제시되는 아동 및 청소년을 위한 치료적 접근들은 상당 부분 성인에게도 유사하게 적용될 수 있으리라 본다. ◆

2. 인지행동치료의 개관

인지행동치료는 앞서 인지행동 이론에서 소개한 바와 같이 개인의 불안과 관련되어 있는 인지적 요소를 확인하고 변화시키는 '인지적 접근'과 이완 훈련, 역할연기, 노출 훈련 등의 '행동적 접근'을 통합한 치료다. 분리불안장애를 위한 인지행동치료의 전반적인 목표는 장애를 겪는 이들에게 불안의 신호를 스스로 인식하게 하고, 불안의 신호가 나타날 때 불안을 관리하는 방법들을 사용할 수 있도록 가르치는 것이다. 치료과정은 일반적으로 크게 두 부분으로 나뉜다.

인지행동치료의 첫 번째 과정은 '기술 습득'의 과정이며 불안을 경험하는 아동 및 청소년이 배워야 하는 기술은 크게 4가지로 나뉜다.

첫 번째 기술은 신체적 반응들을 인식하고 이에 대처하는 기술이다. 아동 및 청소년은 불안할 때, 특히 분리불안을 경험할 때 나타나는 신체적 반응들을 알아차리는 연습을 한다. 이에는 가슴 두근거림, 숨 가쁨, 얼굴 빨개짐 등의 심혈관계 반응들과 복통, 메스꺼움, 구토 등의 소화기계 반응들이 있으며, 기술 습득을 통해 이러한 증상들이 불안의 반응임을 먼저 인식한다. 다음으로는 복식호흡이나 긴장이완법 등을 통해 불안 증상을 완화시키는 방법을 배운다.

　두 번째 기술은 불안할 때 하게 되는 생각과 이를 반영하는 '혼잣말'을 인식하고 평가하는 것이다. 예를 들어, 치료자는 아동이 엄마가 잠시 나갈 때 '엄마가 나를 버리고 안 들어올지 몰라.' 혹은 '엄마가 밖에서 교통사고를 당하게 될지 몰라.'와 같은 생각들을 하고 있음을 알아차리고, 그 생각들이 정말 맞는지, 일어날 가능성이 있는지 등을 따져볼 수 있도록 돕는다.

　세 번째 기술은 불안을 일으키는 생각 혹은 혼잣말을 보다 합리적이고 현실적인 생각으로 수정하거나, 불안한 상황에서 어떻게 대처할지 계획을 세우도록 돕는 '문제해결' 기술이다. 예를 들면, '엄마가 30분 뒤에는 돌아오신다고 했으니 그때까지만 기다리면 돼.' 혹은 '지금까지 엄마가 교통사고를 당한 적은 한 번도 없어.'와 같이 보다 합리적인 생각을 개발하도록 돕거나, 엄마를 기다리는 동안 불안을 경험할 때 자신이 좋아하는 음악을 듣거나 동영상을 보는 등의 적절한 대처방법을 찾도록 돕는 것이다.

네 번째 기술은 자기평가와 보상이다. 앞서 배운 기술들을 잘 사용했는지 혹은 어떤 이유로 잘 사용하지 못했는지 먼저 평가한다. 그리고 잘 사용한 경우에는 적절한 보상을 받을 수 있도록 하고, 그렇지 못한 경우에는 원인을 찾아 다음에 잘 사용할 수 있도록 수정된 계획을 세우도록 한다.

분리불안장애의 인지행동치료 두 번째 과정은 '기술 연습' 과정이다. 이 과정에서는 아동 및 청소년이 실제로 불안을 경험하는 상황들에서 앞서 학습된 기술들을 연습한다. 즉, 분리불안장애를 경험하는 이들이 애착 대상으로부터 떨어져 있는 상황들을 낮은 난이도에서 높은 난이도로 단계적으로 구성하고, 각 상황에서 불안을 다루는 방법을 연습하도록 하는 것이다. 이렇게 불안을 유발하는 상황들을 의도적으로 구성하고 그 상황에 머무르는 연습을 '노출 훈련exposure exercise'이라고 한다. 노출 훈련은 이들에게 매우 도전적이지만, 한편으로는 자신들의 능력을 실제 생활 속에서 점검하고 자기역량감을 발달시키는 기회를 제공하기도 한다. 여러 번의 리허설과 시도들을 통해 이들은 이전에는 불가능하다고 느꼈던 상황에서 점차 성공을 경험하게 되고, 불안을 줄이기 위해 다른 사람에게 의존하기보다 자신의 대처기술에 의지하는 법을 배우게 된다. 아울러 이러한 상황에서 이전에 자신이 의지하던 안전 추구 행동을 멈추고 새롭게 대처하게끔 격려된다. 예를 들어, 모가 없을 때 불안을 없애기 위해 예전에 사용하였던 반복적으로 전화를 하거나 문자를 보내는 행동을 하지 않고, 혼잣말을 바꾸고 몸을 이완하는 등 새롭게 배운 기술들을 사용하게 된다.

이러한 훈련과정 중 치료자의 역할은 매우 중요하다. 치료자는 아동 및 청소년과 함께 치료목표를 만들어 내고 기술의 습득과 연습을 돕는 '코치'의 자세를 취하며, 동시에 치료적 개입을 개별 아동 및 청소년의 능력과 관심에 맞게 유연하게 조정해야 한다. 아울러 협력적인 분위기와 좋은 관계 형성을 위해 노력해야 한다(Chu & Kendall, 2004; Creed & Kendall, 2005). 또한 치료자는 각각의 새로운 상황에서 새로 습득할 기술을 보여 주는 '모델'로서의 역할을 해야 한다. 이를 위해 먼저 불안에 대처하기 위한 기술들의 시범을 보여 주고, 다음으로 아동이 함께 역할 연기에 참여하게 한다. 즉, 치료자가 먼저 역할 연기를 하고 다음으로 아동이 치료자를 따라할 수 있도록 한다. 예를 들어, 치료자가 아동의 역할이 되어 모와 분리되었을 때 불안해하는 모습을 보여 준 다음, 새롭게 배울 기술을 사용하는 방법을 보여 준다. 그리고 그 다음에 아동이 이를 따라하도록 한다. 이 과정에서 치료자는 무엇을 느끼는지, 무슨 생각이 드는지를 설명하고, 아동도 비슷하거나 이와 다른 감정을 경험하는지 물어본다. 마지막으로, 아동은 새롭게 배운 기술을 스스로 연습하는 역할 연기를 한다. 아울러 치료자는 아동에 대해 '자기개방'을 제공하는 역할을 할 수 있다. 이를 위해 치료자는 아동의 경험과 관련된 치료자의 과거 경험을 이야기해 주거나, 치료 과정 중에 아동의 경험과 유사한 상황이 발생할 때 치료자가 경험하는 생각이나 감정을 알려 줄 수 있다. 예를 들어, 치료자가 어렸을 때 엄마 없이 혼자 방에 있었던 경험이 얼마나 두려웠는지 말해 주거나, 그때 자신은 어떻게 했었는지를 알려 줄 수 있다. 그리고 치료 상황에서 기술을 연습하면서 드는 생각이나 느낌도 알려 줄 수 있다. 이러한 자기개방을 통해 아동은 자신의 경험이 이상하거나 비정상이 아님을 인정받을 수 있고, 동시에 아동의 경험이 치료장면에서 자유롭게 이야기될 수 있는 협력적 환경이 조성될 수 있다.

치료 프로그램은 개별 아동 및 청소년을 대상으로 하는 개인치료나, 비슷한 증상을 경험하는 여러 명의 아동 및 청소년 대상의 집단치료로 구성될 수 있다. 두 가지 형태 모두 치료효과가 있는 것으로 밝혀졌다(Ishikawa, Okajima, Matsuoka, & Sakano, 2007). 개인치료는 개별 아동의 눈높이에 최대한 맞추어 접근할 수 있는 반면, 집단치료는 시간이나 비용의 측면에서 높은 효율성을 제공할 수 있다.

분리불안장애를 가진 아동 및 청소년들만을 대상으로 하는 프로그램도 있으며, 분리불안장애가 아닌 다른 불안장애, 즉 범불안장애, 사회불안장애, 공황장애 등을 겪는 이들을 모두 포함하는 치료 프로그램도 있다. 이러한 두 종류의 인지행동 치료 프로그램들은 모두 효과가 있는 것으로 나타났다(Eisen & Engler, 2006; Schneider, et al., 2011; Waters, Ford, Wharton, & Cobham, 2009).

분리불안장애가 아닌 다른 불안장애를 포함하는 치료 프로그램이 개발되고 활용되는 데에는 다음과 같은 몇 가지 이유가 있다. 첫째, 분리불안장애와 다른 불안장애의 증상들이 많은 부분 겹치기 때문이다. 둘째, 분리불안장애를 가진 아동들이 다른 불안장애를 동시에 보이는 경우가 많기 때문이다. 셋째, 집단 형태로 실시할 때 분리불안장애만을 선별하여 프로그램을 운영하기가 현실적으로 쉽지 않기 때문이다. 이러한 이유들로 인해 다양한 불안장애를 가진 대상들을 모두 포함하는 불안장애 치료 프로그램이 일반적으로 널리 활용되고 있다. ◈

3. 인지행동치료의 구성요소

1) 심리교육

치료 전반에 걸쳐서 아동 및 청소년은 불안의 다양한 측면에 대해 배운다. 즉, 불안의 신체적예: 가슴 두근거림, 얼굴 빨개짐, 떨림, 복통 등, 정서적예: 불안, 긴장, 두려움 등, 행동적예: 가만히 있지 못함, 왔다 갔다 함, 확인하기 등 요소들의 구분과, 불안의 특유한 속성들예: 시간이 지나면 가라앉게 됨, 자체가 해로운 것이 아님 등에 대해 학습한다. 불안한 감정을 인식하기 위해서는 먼저 다른 감정들과 불안을 구별하는 연습이 필요할 수 있다. 이를 위해 아동 및 청소년에게는 자신과 다른 사람들의 여러 감정과 연관된 얼굴 표정, 자세, 신체적 신호 등을 인식하는 '감정 교육'이 필요하다. 처음에 감정을 인식하기 위해서는 아동 자신의 경험에 바로 초점을 맞추기보다 다른 사람들의 예를 들거나, 감정단어를 제시하며 각각의 특성을 소개할 수 있다. 감정을 교육하기 위해서는 아동 및 청소년의 눈높이에 맞추어 다양한 방법을 사용할 수 있다. 예를 들면, 잡지나 책에서 다양한 감정을 경험하고 있는 사람의 그림을 오려 내는 활동을 할 수 있으며, 퀴즈의 형식으로 한 사람이 감정을 몸짓으로 표현하면 다른 사람이 알아맞히는 게임을 할 수도 있다. 이러한 과정을 지나 마지막으로 아동은 불안한 상황에 있는 자신을 상상한 다음, 자신의 불안에 특유한 신체적 반응들예: 심장이 뜀, 얼굴이 붉어짐, 손에 땀이 남을 파악하는 것을 배운다.

다음의 예는 9세의 여아가 치료자와 함께 몸짓으로 감정을 표현하고 그 감정의 특성을 파악하는 과정을 나타낸 것이다. 먼저, 치료자가 감정예: 불안을 제시하면 아동이 이를 온몸으로 표현한다. 그리고 치료자는 그 감정과 관련된 특성들을 찾아내는 것을 돕는다. 이러한 과정을 통해 아동은 해당 감정의 독특하고 특징적인 느낌을 찾아내고 자신만의 감정단어예: 가만히 있지 못하는, 두근두근거리는, 초조한에 포함시킨다. 상호작용의 마지막 부분에서 아동은 연기했던 감정과 자신의 과거 경험을 연관 짓는다. 아동은 자신만의 감정단어를 적용했을 때, 그리고 자신의 경험과 관련되었을 때 그 감정을 더 잘 인식한다.

치료자: ('불안'이라고 적혀 있는 카드를 제시함.)

아동: (인형을 꼭 껴안고 주변을 살피며 두리번거리는 행동을 보임.)

치료자: 너는 무언가를 찾고 있구나.

아동: 아니요. 뭘 찾는 건 아니에요. 그냥 가만히 못 있겠어요.

치료자: 그럼, '가만히 있지 못하는' 거구나.

아동: 네. (자신의 가슴을 가리키며) 그리고 여기서 뭔가 느껴져요.

치료자: 어떤 느낌이지?

아동: 뭔가 쿵쾅쿵쾅해요.

치료자: 아, 그럼 심장이 '두근두근거리는' 거구나.

아동: 네, 맞아요. 심장이 두근두근거려요.

치료자: 그리고 입술을 자꾸 움직이고, 손을 가만히 두지 못하는구나.

아동: 맞아요. 불안할 때 그렇게 돼요. 자꾸 엄마 생각이 나고 가만히 있지 못하겠어요.

치료자: 그럼 '초조한' 건가?

아동: 그게 뭐지요?

치료자: 뭔가 자꾸 긴장되고 마음이 조마조마한 걸 말하는데….

아동: 네, 맞아요. 그런 것 같아요. 뭔가 가슴이 콩딱콩딱하

면서 왔다 갔다하는 것이에요. 그리고 입이랑 목이 마른 것 같기도 하고… 그래서 가만히 못 있겠어요.

치료자: 그래, 많이 초조한 것이구나.

아동: 그래요. 초조한 건가 봐요.

치료자: 어떤 때 그런 경험을 했니?

아동: 엄마가 집에 없을 때요. 학교에 다녀왔는데 일하는 아줌마만 있고 엄마는 없었어요. 그때 이렇게 불안하고 초조한 것 같아요.

불안이 높은 많은 아동은 불안으로 인한 신체적 증상들을 질병 때문으로 잘못 오해하고, 이로 인해 더 불안해지기도 한다. 이러한 경우, 그 증상이 나타나는 전후 상황예: 학교를 가기 전, 엄마가 집을 비울 때을 파악함으로써 신체적 증상예: 복통, 두통이 불안에서 기인하는 것인지, 아니면 정말 질병에서 기인하는 것인지를 구별하도록 도와야 한다. 아동이 불안을 잘 파악할 수 있고 다른 상태들과 구별할 수 있다면, 그만큼 불안에 더 잘 대처할 수 있게 될 것이다.

또한 이들이 치료에서 배운 내용을 부모에게 알려 주는 것이 매우 유용할 수 있다. 이러한 전달을 통해 부모는 자신의 자녀와 그 증상을 더 잘 이해할 수 있을 뿐만 아니라, 치료 프로그램에서 배운 기술을 실제 생활에서 활용할 수 있도록 돕는 조력자 역할을 할 수 있다. 또한 아동의 불안에 부모가 기여하고 있는 측면도 발견하고 조정할 수 있어 치료효과를 더 높일 수 있다.

2) 이완 훈련

이완 훈련의 목표는 불안과 관련된 자신의 생리적 및 근육 반응들을 알아차리고 조절하는 것을 배우는 것이다. 아동 및 청소년이 불안의 생리적 증상을 파악하기 시작하면, 이런 신체적 반응들을 이완을 시작하기 위한 '단서'로 사용할 수 있다. 일반적으로는 불안해지기 시작한다는 것을 인식하자마자 심호흡을 몇 차례 하는 것을 먼저 배운다. 그다음으로는 점진적 근육이완 연습을 통해 몸의 주요 근육들을 점진적으로 이완하는 법을 배운다. 원리는 비교적 간단한데, 근육이 긴장되고 수축되는 '긴장'의 상태와, 반대로 풀어지고 늘어지는 '이완'의 상태를 대조적으로 경험하는 것이다. 예를 들어, 팔 근육을 긴장시키기 위해서 치료자는 두 팔을 양옆으로 벌려서 이두박근을 자랑하는 자세를 취하게 한다. 그리고 주먹을 불끈 쥐고 알통이 나오게 하는 것처럼 힘을 잔뜩 주게 한다. 그다음 이러한 자세로 1부터 7까지 숫자를 세게 하고는 갑자기 힘을 빼고 팔을 축 늘어뜨려 이완을 경험하게 한다. 이때 호흡은 느리고 길게 내뿜게 한다. 다리 근육의 경우에는 앉은 자세에서 다리를 앞으로 뻗어서 펴고 발끝을 안쪽으로 당긴 상태에서 발, 다리, 허벅지에 힘을 잔뜩 주도록 한다. 마찬가지로 7초를 세고 난 후에는 발을 땅바닥에 떨어뜨리고 힘을 빼서 이완을 경험하게 한다. 물론 호흡도 깊고 천천히 하도록 한다. 배를 긴장시킬 때에는 좁은 울타리 속을 비집고 들어갈 때를 상상하면서 배를 안으로 넣고 힘을 주어 긴장하게 한 후, 7초 후에 배를 편안히 내밀고 심호흡을 하여 이완하도록 한다. 이런 식으로 얼굴, 목과 어깨, 팔, 가슴, 배, 다리 순으로 긴장하고 이완한 다음에, 마지막으로 앞에서 했던 방법들을 동시에 실시하면서 온몸을 긴장시켰다가 이완하도록 한다. 여러 근육을 긴장시키고 이완함으로써 아동은 자신의 신체적 긴장감을 더 잘 알아차릴 수 있게 된다. 불안에 대한 자신의 신체적 반응들을 잘 인식하게 되면, 아동은 각성된 신체적 상태를 이완훈련을 실시하기 위한 단서로 사용할 수 있게 된다.

또한 치료자는 아동에게 '신호 조절 이완'을 가르칠 수 있는데, 이는 이완된 상태를 '침착' '차분' '괜찮아' 등과 같은 자기가 만든 '신호단어'와 연합하는 법을 배우게 하는 것이다. 먼저, 치료자는 아동이 이완되었을 때나 편안하게 숨을 내쉴 때마다 마음속으로 또는 작은 소리로 천천히 신호단어를 말하게 한다. 이 신호는 이완된 상태를 떠올리게 하는 역할을 하며, 불안한 상태에서 사용될 때 근육 이완을 시작할 수 있게 도와준다. 특히 공공장소에서 점진적 근육이완 기법을 사용하기 어려울 때, 신호 조절 이완이 도움이 될 수 있다.

그 후에는 이완 기법을 언제 사용하는 것이 좋을지 아동과 함께 논의하고 모델링할 수 있다. 아동은 이완 절차를 실시하는 치료자의 음성 녹음이나 동영상을 제공받을 수 있으며, 그 것으로 집에서 연습할 수도 있다. 아울러 부모에게 이완 절차를 보여 줄 수 있으며, 부모는 아동과 함께 연습할 수 있고 아동이 집에서 연습할 시간과 장소를 마련해 줄 수도 있다. 무엇보다도 아동에게 이완은 배울 수 있는 것이며, 반복적인 연습이 매우 중요하다는 것을 가르쳐 주어야 한다.

이러한 이완 기법들은 청소년이나 성인은 물론 나이가 어린 6~7세의 아동들에게도 효과가 있음이 입증되었다(Weisman, Ollendick, & Horne, 1978). 또한 이완 기법들을 상상 또는 실제 상황에서 노출 훈련을 하면서 사용하는 것이 치료적 성과를 더 높이는 것으로 나타났다(Ollendick & King, 1998). 예를 들어, 분리불안장애 아동의 경우 눈을 감고 애착 대상과 떨어지는 상황을 생생하게 떠올리거나, 실제로 애착 대상과 분리되는 상황을 연출하여 그때 이완 기법을 사용하도록 돕는 과정이 필요하다. 이는 실제 생활에서 불안을 유발하는 상황에 의해 생성된 것과 유사한 정서 상태를 일으키는 노출 훈련

을 통해, 아동이 각성된 정서 상태에서 근육 이완을 잘 사용할
수 있도록 돕는 실제적인 개입이 효과가 있음을 말한다.

3) 인지적 대처틀 형성

인지행동 이론에서는 아동 및 청소년이 보이는 정서적·행
동적 문제들이 아동의 왜곡되거나 비현실적인 인지생각, 사고, 믿
음 등를 파악하고 그것에 도전함으로써 개선될 수 있다고 본다.
인지를 중요하게 여기는 접근은 문제 행동에서 부적응적인 생
각의 역할을 강조하며, 왜곡된 인지적 과정을 보다 건설적이
고 건강한 사고방식으로 조정하려 한다. 즉, '생각이 바뀌면
감정과 행동이 달라진다'는 것이다.

아동을 위한 인지적 개입들은 다음과 같은 4가지 과정을 포
함한다.

① 부정적인 혼잣말을 확인하고 평가할 수 있도록 도움.
　 예) '엄마가 안 돌아올지도 몰라.' '엄마에게 나쁜 일이
　　　 생길지도 몰라.'
② 왜곡되거나 비현실적인 혼잣말에 도전하도록 도움.
　 예) '왜 엄마가 안 돌아온다고 생각하지?' '정말 그런 적
　　　 이 있어?'

③ 보다 합리적이고 타당한 혼잣말을 만들도록 도움.

　예) '엄마는 30분 뒤에 돌아오신다고 했어.' '엄마는 지
　　　난번처럼 약속을 지킬 거야.'

④ 두려운 상황에 대처하는 계획을 만들도록 도움.

　예) '엄마가 다녀올 동안 내가 좋아하는 책을 보고 있자.'
　　　'많이 불안해지면 이완하는 방법을 쓰면 돼.'

　이 과정에서 치료자는 인지적 모델링, 시연rehearsal을 보여
줄 수 있으며, 역할 연기를 통해 아동이 습득하고 스스로 할
수 있도록 격려할 수 있다. 그리고 이를 통해 아동은 미래에
있을 분리 상황을 새로운 시각에서 볼 수 있도록 돕는 새로운
'안경', 즉 새로운 인지적 틀을 형성할 수 있다. 새로운 인지적
틀을 형성하는 것은 상황을 바라보는 새로운 방식을 구성하는
것이며, 아동의 경우에는 혼잣말이 아동이 상황을 보는 인지
적 틀을 반영한다고 볼 수 있다. 혼잣말은 아동이 가지는 자
신, 타인, 상황들에 대한 기대 및 귀인attribution들을 내포한다.
불안한 아동들은 대부분 이러한 혼잣말에 자기에 대한 부정적
인 평가예: '나는 별로 사랑스럽지 않아.', 수행에 대한 완벽주의적 기
준예: '하려면 제대로 잘 해내야만 해.', 높은 자기 초점적 주의예: 자신의
불안 관련 신체감각에 지나치게 집중함, 다른 사람이 자신을 어떻게 생
각한지에 대한 염려예: '다른 아이들이 나를 마마보이로 보고 싫어할 거야.',

실패나 제대로 대처하지 못할 것에 대한 염려예: '엄마 없이 나 혼자
서는 아무 것도 할 수 없어.' 등을 반영하고 있다.

혼잣말을 탐색하고 명료화하는 것은 어느 정도 성장한 청
소년이나 성인에게는 크게 어렵지 않은 과제일 수 있지만, 나
이가 어리거나 지적인 지체를 나타내는 아동 및 청소년들에게
는 다소 어려울 수 있다. 하지만 이를 위해 다양하고 창의적인
방법들이 동원될 수 있다. 예를 들어, 치료자는 등장인물의 머
리 위에 빈 말풍선이 있는 만화 형식을 사용할 수 있다. 처음
에는 등장인물의 생각이 명확하게 파악되는 간단한 상황예: 선
물을 받고 기뻐하는 상황에서 말풍선을 채우게 할 수 있다. 그러다가
점점 더 모호하거나 불안을 일으키는 상황들예: 한 아이가 다른 친
구들과 떨어져 혼자 있는 상황, 엄마가 아이를 두고 밖에 나가려는 상황이 사용될
수 있다.

일단 아동이 불안한 상황에서 일어나는 사고들을 파악할
수 있으면, 치료자는 등장인물의 불안을 감소시키는 대처 사
고들을 만드는 것을 돕는다. 즉, 치료자가 "그 일이 실제로 일
어날 가능성은 얼마나 될까?" "전에 실제로 그 일이 일어난 적
이 몇 번이나 있니?" "그 일이 네가 예상하는 만큼 과연 그렇
게 나쁜 것일까?" "그 일을 다르게 바라볼 수는 없을까?" "그
때 네가 할 수 있는 방법들이 하나도 없을까?" 등과 같은 질문
들로 도울 수 있다. 이렇듯 아동의 혼잣말, 특히 부정적인 혼

엄마가 외출할 때 불안한 아이의 혼잣말 찾기

엄마가 외출할 때 불안하지 않은 아이의 혼잣말 찾기

〈만화 형식을 활용한 혼잣말의 탐색과 수정의 예〉

잣말을 파악하고 수정하는 것은 매우 중요하다. 치료자는 환경적 사건(예: 모와의 분리)에 대한 특징적인 오해석을 줄이고, 대처방법들을 포함한 새로운 인지적 틀을 점진적이고 체계적으로 형성하기 위해 아동과 함께 작업하게 된다.

아동이 나타내는 왜곡된 사고에 대한 파악과 평가는 매우 중요하며, 이를 위해 아동의 이전 경험을 탐색할 수도 있다. 예를 들어, 한 아동의 경우 어렸을 때에 모가 부와 심한 갈등을 겪었으며, 이때 모가 아동이 듣고 있는 중에 "엄마는 아빠랑 못 살겠어. 엄마 없어지면 아빠랑 잘 살아."와 같은 푸념 섞인 말을 수시로 했다고 한다. 이러한 갈등 상황과 모의 말로 인해 모가 눈에 보이지 않으면 불안해하고 모를 찾는 것은 아동의 입장에서는 충분히 있음직한 반응이다. 그러므로 아동이 분리 상황에서 심한 불안을 경험하게 된 배경과 원인에 대해 충분히 들어 주고 공감해 주는 과정이 먼저 필요하다. 하지만 어느 정도 시간이 지난 지금, 이제 부모는 예전과 같은 갈등을 겪지 않고 있다. 아울러 갈등이 심하던 당시에도 모가 했던 말은 정말 집을 나가겠다는 의미가 아니라 마음이 힘들어서 무심코 한 푸념 섞인 말이었다. 그리고 모가 실제로 집을 나가거나 아이를 버리고 떠난 적은 한 번도 없다. 아동의 부정적인 혼잣말을 파악한 후에, 치료자와 아동은 유연하지 못한 신념 구조에 도전하고 도움이 되는 혼잣말을 포함한 새로운 인지적

3. 인지행동치료의 구성요소 ✽ **115**

대처틀을 만들 수 있다. 즉, 치료자는 '엄마가 당시 했던 말이 정말 나를 버린다는 의미였을까?' '엄마가 정말 나를 버리고 떠난 적이 있었는가?' '앞으로도 정말 엄마가 나를 버릴 가능성이 높은가?'와 같은 질문들을 통해 아동에게 이전과 다른 대안적인 관점들이 존재함을 발견하도록 도울 수 있다. 치료 초기에는 그런 대처 사고들을 만들어 낸다 해도 즉각적으로 불안이 감소하지 않을 수 있다. 하지만 치료 과정이 진행됨에 따라 아동은 대처를 위한 혼잣말을 능숙하게 만들 수 있게 되고, 이러한 과정을 통해 점점 대처를 위한 혼잣말이 내재화될 가능성이 높아진다. 이를 위해서는 역할연기, 노출 훈련, 과제 등을 통한 연습이 반복적으로 필요하다.

　부정적이고 왜곡된 사고에 대해 새로운 틀을 형성한다는 것은 앞으로 어떠한 스트레스도 경험하지 않도록 돕는 것을 의미하지는 않는다. 오히려 스트레스를 경험하는 상황에서 발생하는 오해석이나 정서적 각성이 새로운 대처방법을 떠올리게 하는 자극으로 기능하게 하는 것이다. 또한 불안한 아동을 긍정적인 혼잣말로 가득 채우려고 애쓰는 것도 아니다. 오히려 지나치게 긍정적이거나 비현실적인 혼잣말예: '엄마는 늘 내 옆에 붙어 있을 거야.' '엄마는 나를 사랑하니까 절대 화내지 않을 거야.'은 신빙성이 떨어지고, 이를 융통성 없이 받아들일 때 예상과 다른 결과를 경험하게 하여 역효과예: 조금이라도 떨어지게 되면 더 불안해짐, 모가

화를 낼 때 모의 사랑을 의심함를 가져올 수도 있다. 여러 연구결과는
아동들의 긍정적인 혼잣말이 늘어나기보다, 부정적인 혼잣말
이 감소할 때 치료와 관련된 불안의 변화가 나타남을 보여 주
었다(Treadwell & Kendall, 1996).

4) 문제해결

문제해결에서는 아동 · 청소년들이 매일 만나는 어려움을
스스로 직면하고 해결하는 능력에 대한 자신감을 개발하도록
돕는다. 치료자는 이들이 어려운 상황에 대처할 수 있도록 다
양한 대안적 해결책을 만들기 시작할 수 있도록 돕고, 다음으
로 가장 적절한 해결책을 선택할 수 있도록 돕는다. 문제해결
의 개념을 처음 소개할 때는 아동 · 청소년이 압도당하지 않도
록 하기 위해 위협적이지 않은 상황을 제시하며 시작하는 것
이 좋다. 예를 들어, "네가 집에서 TV 리모컨을 잃어버렸다면,
그것을 찾기 위해 어떻게 할 수 있을까?"와 같은 질문을 사용
할 수 있다. 치료자는 아동이 여러 대안을 만들어 내도록 돕
고, 각각의 실현 가능성을 평가하도록 돕는다. 그리고 가장 적
합한 해결책을 선택하도록 돕는다. 이렇게 위협적이지 않은
상황에서 문제해결을 연습하고 편안해 보인다면, 다음으로 이
들이 불안해하는 상황들에 대해 논의할 수 있을 것이다.

다른 훈련들처럼 치료자는 처음에 자신이 경험했던 불안한 상황을 말하고 이에 대한 해결책들을 탐색해 본다. 다음으로 아동에게 해당되는 불안한 상황을 다루어 볼 수 있다. 해결책들에는 도움이나 조언을 줄 가족이나 친구들의 목록 만들기, 다른 사람들은 어떻게 대처하는지 지켜보기, 나보다 더 현명한 사람(예: 부모, 나이가 많은 형제, 선생님, 존경하는 인물 등)이라면 어떻게 할지 떠올려 보기 등을 포함할 수 있다.

문제해결의 과정은 다음의 5가지 질문으로 요약될 수 있다.

① 문제가 무엇인가?
② 그것에 대해 내가 사용할 수 있는 모든 방법은 무엇인가?
③ 만일 그 방법들을 사용한다면 어떤 결과가 일어날 것인가?
④ 어떤 방법이 가장 효과가 있을 것 같은가?
⑤ 그 방법을 실제로 사용한 다음, 그 결과는 어땠는가?

첫 번째 단계에서는 먼저 문제가 일상생활의 한 부분이며 누구나 경험할 수 있음을 이해하도록 돕는다. 다음으로 아동의 문제를 구체적으로 정의하고 그것을 목표로 삼고 해결할 수 있다는 희망을 심어 주도록 한다. 예를 들어, 아동에게 엄마와 떨어지는 일이 누구에게나 유쾌한 일이 아닐 수 있으며 많은 다른 아이들도 불안함을 경험하며, 심지어 치료자도 어렸을 때 유사한 경험이 있었음을 알려 주어 안심시킬 수 있다. 그다음 아동이 어떤 상황에서 불안을 경험하며 얼마나 힘든지를 구체적으로 탐색해야 한다. 아동이 학교에 갈 때 불안한지, 집에서 혼자 방에 있는 것이 불안한지, 밤에 혼자 자는 것이 어려운지 등을 파악하고, 이때 가벼운 정도의 불안을 경험하는지, 아니면 공황에 가까운 극심한 두려움을 경험하는지, 어떤 신체 증상이 나타나는지 등을 구체적으로 탐색하여야 한다. 아울러 불안을 경험하는 상황에서 어떤 행동을 주로 하는지예: 모에게 울며 매달리기, 계속 전화하기, 불안한 상상을 곱씹기 등도 파악해야 한다.

두 번째 단계에서는 대안적 해결책들을 찾아내는 작업을 한다. 이때 가장 중요한 원리는 '브레인스토밍brainstorming'으로, 해결을 위한 어떤 대안이든 제시할 수 있다. 간혹 아동이 비현실적이거나 당혹스러운 대안예: '천사에게 도와달라고 해요.' '엄마가 일을 안 하면 돼요.'을 제시할 수도 있다. 이러한 경우에도 치료자는 미소를 잃지 않고 "참 좋은 방법이구나. 그런데 다른 방법은 없을까?"와 같은 식으로 다른 대안들을 찾도록 유도할 수 있다. 많은 경우 처음에는 받아들여지기 어려운 것처럼 보이는 대안도 좀 더 신중하게 생각하고 다듬으면 실용적인 해결책이 될 수 있다. 아울러 치료자도 독특한 대안과 함께 실용적인 대안을 제시함으로써 브레인스토밍의 모델이 될 수 있다.

세 번째 단계에서는 각 대안들을 실행했을 때 예상되는 결과들을 떠올려 본다. 이 과정에서 앞서 제시된 다소 당혹스럽거나 비현실적인 대안들이 제거될 수 있으며, 각 대안들의 효용성에 대한 평가를 내릴 수 있게 된다. 아울러 특정 대안이 가지고 있는 부분적으로 부정적인 결과를 보완할 수 있는 제3의 대안을 찾을 수도 있다.

네 번째 단계에서는 여러 대안 중에서 가장 적절한 해결책을 선택한다. 앞서 살펴본 대안들의 결과들을 고려하고, 현실적으로 사용이 가능한지 등을 따져 보아 가장 적절한 방법을 선택하도록 격려한다. 만약 적절하다고 생각되는 대안을 선택했지만 실제로 활용할 수 있을지 자신이 없는 경우에는 그 이유가 무엇인지 파악하여 실현 가능할 수 있도록 수정 · 보완할 수 있다. 예를 들어, 분리불안을 보이는 아동은 엄마와 잠시 떨어지게 될 때 심호흡하기, '엄마는 별 일 없을 거야. 시간이 되면 돌아오실 거야.'라고 자신에게 말하기, 좋아하는 동영상을 보며 그것에 집중하기, 다른 가족이나 보호자와 게임을 하며 기다리기 등의 해결책을 선택할 수 있다.

다섯 번째 단계에서는 실행된 대안들의 장단점을 평가하는 과정을 가진다. 선택한 대안을 실제로 적용해 본 다음 결과가 어떠했는지, 실행하면서 어려운 점은 없었는지, 예상치 못한 변수는 없었는지 등을 살펴본다. 이 과정에서 먼저 아동이 대안을 실행하였다면 이에 대해 칭찬을 하거나 보상을 해 주어야 한다. 이때 대안을 실천한 결과가 부정적인 경우라도 아동이 계획한 대로 실행한 '노력'에 대해서는 적극적으로 칭찬해 주어야 한다. 실행하지 못하였다면 무엇으로 인해 하기 어려웠는지를 파악하여 대안을 수정·보완할 수 있도록 한다. 다시 말해, 대안을 실행하였을 때의 결과가 어땠는지를 돌아보고, 긍정적인 결과에 대해 축하해 주고 부정적인 결과에 대해서는 이를 반영하여 새로운 대안을 만들 수 있도록 도와야 한다.

문제해결을 연습할 때, 나이가 어린 아동의 경우에는 어려운 상황들에 유능하게 대처할 수 있다고 믿거나 자신이 좋아하는 위인이나 영화 및 애니메이션의 주인공을 활용할 수 있다. 이때 아동에게 불안을 일으키는 상황에서 그 캐릭터는 어떻게 문제를 해결할 것인지에 대해 생각하도록 격려할 수 있다. 문제해결을 돕기 위해 아동이 그 캐릭터인 척할 수도 있고, 그 캐릭터가 두려운 상황에 처했다고 가정할 수도 있다. 아동은 이를 통해 보다 적절한 해결책들을 찾아낼 수 있으며 그 캐릭터 인형이나 스티커 등을 지니고 다닌다면 보다 자신감을 가질 수도 있다. 아울러 그 캐릭터의 상징물 예: 인형, 스티커이 불안한 상황에서 해결책을 떠올리고 실시하도록 돕는 일종의 신호자극이 될 수도 있다.

다음은 편모에 대한 강한 분리불안을 나타내는 여자 청소년의 예다. 이 여학생은 특히 모와 말다툼을 한 후에 모가 자신을 떠날지 모른다는 강한 불안이 나타났다. 치료자는 모와의 면담을 통해 모가 딸의 징징거리는 식의 말투를 못 견디게 싫어함을 알게 되었다. 딸은 자신에게 일어난 속상한 일을 모에게 이야기하고 싶어 했으나, 그럴 때마다 매우 부정적이고 감정적인 투로 불만과 불평을 쏟아 내었다. 이때마다 모는 자신이 딸의 원망의 대상이 되는 것 같고 자신의 이혼에 대한 책임을 추궁 받는 것처럼 느껴지기까지 했다. 아울러 딸과 함께 즐겁고 차분한 시간을 보내고 싶지만 그러지 못하는 것에 대한 불만도 커지게 되었다. 이로 인해 모는 딸의 징징거림에 화가 날 때, 오히려 딸과 거리를 두려고 하였다. 그리고 실제로도 "너는 엄마가 없어 봐야 엄마라도 있는 것이 얼마나 감사한지를 깨닫게 될 거야."라는 말을 딸에게 자주 하였다. 모의 이러한 말과 거리를 두는 행동은 딸에게 더 큰 불안과 공포를 유발하였고, 결국 모에게 더 매달리고 징징거리는 딸의 행동을 초래하였다.

모녀의 상호작용을 확인한 치료자는 역할연기를 통해 딸이 징징거릴 때 더 차갑게 대하는 모의 역할을 하였고, 다음에는 딸의 역할을 하며 모에게 자신의 감정을 이야기하지만 징징거

리지 않고 분명하고 차분하게 말하는 시범을 보여 주었다. 여
학생은 이런 시연을 통해 자신에게 일어난 일을 모에게 차분
하게 이야기하는 연습을 하게 되었고, 다음으로 모에게 새로
운 방식으로 직접 이야기해 보는 계획을 세웠다. 치료자는 모
를 치료실로 초대하고 딸의 계획을 모에게 전달하고 치료실에
서 새로운 방식의 대화를 나눌 수 있도록 도왔다. 아울러 치료
실 밖에서 모와 긍정적인 상호작용을 하기 위한 계획을 추가
적으로 세웠다. 예전에 불안한 상황에서 사용하였던 부정적인
대처행동을 버리고, 새롭고 효율적인 대처행동을 습득하고 사
용할 수 있도록 도운 것이다.

결국 문제해결은 아동이 이전에는 절망적으로 인식한 상황
에서 새로운 대안들을 개발하여 잘 적응할 수 있도록 돕는 것
이다. 연구결과에 따르면 문제해결이 불안장애 치료를 받은
후의 재발을 예방하는 데 도움이 된다고 한다(Kleiner, Marshall,
& Spevack, 1987). 즉, 아동으로 하여금 자신의 문제를 스스로
해결하는 '자가 치료자'가 되도록 돕는 것이다.

5) 유관성 관리

'유관성contingency'이란 특정 행동과 그 결과와의 관계를 말
한다. 만약 한 아동이 울고 떼를 썼을 때 그 결과로 원하는 장

난감을 받게 된다면, 이 아동에게는 '떼쓰기 → 보상'이라는 유관성이 적용되는 것이다. 이 경우에 매번 떼를 쓸 때마다 아이가 장난감을 받게 된다면 유관성의 강화가 일어날 것이고, 어떤 때는 장난감을 받지만 어떤 때는 장난감을 받을 수 없거나 심지어 혼이 난다면 유관성의 약화가 일어날 것이다. 이와 관련하여 특정 행동을 했을 때 그 결과가 긍정적이라면 그 행동이 증가하게 되고, 특정 행동을 했을 때 그 결과가 부정적이라면 그 행동이 감소하게 된다는 원리가 '조작적 조건형성 operant conditioning'이다.

이완과 같은 방법이 불안 자체를 줄이는 것과 관련이 된다면, 조작적 조건형성에 기반을 둔 방법은 아동 및 청소년에게 적합한 행동이 나타났을 때 보상과 강화를 제공하여 그 행동을 촉진시키는 것에 초점을 둔다. 예를 들어, 분리불안장애를 보이는 아동들에게 촉진하고 싶은 행동은 유치원이나 학교 가기, 혼자 떨어져서 생활하기, 친구 집에 놀러 가기, 캠프에 참석하기 등이 될 것이다. 하지만 이러한 목표행동이 단번에 나타나기는 매우 어렵다. 특히 불안이 높은 아동들은 자신을 비하하거나 자신감을 갖지 못하는 특성들을 보이기 쉬우므로 새로운 도전을 하기 매우 어렵다. 혹은 새로운 도전을 하더라도 지나치게 높은 기준을 가지고 있기 때문에, 이러한 기준에 도달하지 못한다면 스스로를 비하하거나 용서하지 못할 수 있다. 그러므로 치료자는 아동의 노력과 부분적 성공에 대해서도 칭찬과 보상을 적절하게 제공하여야 하며, 아동 스스로도 자신에게 보상을 줄 수 있도록 도와야 한다. 즉, 아동 자신의 노력을 정확하게 평가하고 자신에게 그에 상응한 보상을 줄 수 있도록 해야 한다. 여기서 중요한 것은 아동ㆍ청소년이 '결과'가 아닌 자신이 했던 '노력'에 기초하여 자신을 평가하는 것을 배워야 한다는 것이다. 아울러 아동ㆍ청소년은 그들이 불안한 상황에서 시도했던 방식에서 좋았던 것은 무엇인지, 다음에 다르게 해 보고 싶은 것은 무엇인지를 파악하도록 학습해야 한다.

치료자가 늘 옆에서 보상을 제공할 수 없으므로, 스스로를 격려하고 보상하기 위해 '자기 보상'의 목록을 만들 수 있도록 도와야 한다. 이 목록에는 즐거운 활동들 자전거 타기, 동영상 보기, 보드게임 하기 등, 자신에게 '잘했어!'라고 말하는 것, 가족이나 친구들과 여가시간을 보내는 것, 좋아하는 간식 먹기, 차후 더 큰 보상으로 교환할 수 있는 칭찬 스티커 붙이기 등이 포함될 수 있다.

치료자는 재주를 배우는 개의 예를 들어 수행의 진전과 강화에 대해 설명할 수 있다. 개가 주인의 명령에 따라 앉는 것을 처음 배울 때, 누구도 개가 처음부터 완벽하게 해내리라 기대하지 않는다. 처음에는 개를 불렀을 때 주인을 보기만 해도

먹이와 칭찬을 아끼지 않는다. 그러다가 주인의 "앉아!"라는 구령에 어정쩡하게 앉는 시늉만 내어도 개는 큰 강화를 받게 된다. 그리고 이러한 시행착오를 여러 번 겪은 후에야 비로소 개는 주인의 명령에 일사불란하게 앉는 동작을 보일 수 있게 된다. 이와 마찬가지로, 불안한 아동에게 처음에 도전과제를 시도할 때 완벽하게 해내리라고 기대하지 않음을 알려 주어야 한다. 점진적인 연습과 시기 적절한 보상과 강화는 아동이 점점 자신감을 발달시킬 수 있도록 돕고, 스스로 할 수 있다는 느낌을 가지도록 한다. 예를 들어, 엄마와 떨어져서 잠시도 있지 못하는 아동이 있다면, 처음에는 엄마와 단 10초만이라도 떨어질 수 있도록 격려하고, 점차 시간을 늘려 갈 수 있도록 하며, 적절한 칭찬과 강화를 제공하여야 한다. 혹은 불안을 덜 느끼는 상황(예: 낮 시간에 엄마와 다른 방에 있기)에서 점점 더 큰 불안을 느끼는 상황(예: 밤에 엄마와 따로 자기)으로 점차적으로 도전할 수 있다. 이때 강화를 위해서 꼭 장난감이나 음식과 같은 물질적인 보상을 제공할 필요는 없으며, "잘했어."라는 격려, 환호, 하이파이브, 쓰다듬기, 안아 주기 등을 적절하게 사용할 수 있다. 물론 매우 도전적인 성취를 이루었을 때에는 장난감이나 인형 같은 선물로 특별히 축하할 수 있다. 하지만 이때에도 아동 스스로가 자신에게 보상을 제공할 수 있도록 도와야 한다.

6) 모델링

모델링modeling은 대부분의 학습이 대인관계를 통해 이루어 지며, 타인의 행동을 관찰하고 모방함으로써 사회적 행동이 학습된다는 '사회학습 이론'에 근거한다. 모델링에서는 아동에게 적절한 반응들을 가르치기 위해, 불안을 일으키는 상황에서 모델이 두려워하지 않고 대처하는 행동을 시연해 보인다. 이로 인해 아동은 불안한 상황에서 사용할 수 있는 적절한 기술을 배우게 된다. 모델링은 크게 녹화된 모델링, 실물 모델링, 참여자 모델링으로 구분될 수 있다. '녹화된 모델링'에서는 불안한 아동이 모델이 나오는 동영상을 시청하여 모델의 행동을 따라할 수 있다. '실물 모델링'에서는 실제로 모델이 되는 인물이 나와서 불안한 상황에 대처하는 행동의 시범을 보인다. '참여자 모델링'은 실물 모델링의 더욱 적극적인 형태로, 실제 모델이 불안한 아동과 상호작용을 하며 두려운 자극에 아동이 좀 더 접근할 수 있도록 돕는다. 실제 치료장면에서는 대부분 치료자가 아동에게 참여자 모델링을 제공하는 경우가 많다. 즉, 아동이 혼자 있는 상황에서 불안에 어떻게 대처해야 할지 가르쳐 주기 위해, 치료자가 아동의 역할을 하기도 하고 때로는 부모의 역할을 하기도 하면서 적절한 대처방법의 시범을 보이는 것이다. 아울러 집단 형식의 치료에서는 다른 아동이 모델의 역할을 할 수도 있다. 아동이 모델의 행동을 보다 유사하게 따라하도록 하기 위해 아동이 한 시도와 부분적인 성공에 대한 강화와 함께 교정적인 피드백을 제공하는 것이 필요하다(Ollendick & Francis, 1988).

7) 노출 훈련

노출 훈련은 아동 및 청소년이 고통스러운 상황에 적응하도록 돕기 위해, 그리고 불안을 일으키는 상황에서 대처기술을 연습하는 기회를 제공하기 위해 이들을 상상이든 실제이든 공포를 일으키는 경험에 직면하게 하는 것이다. 불안한 상황에 대한 상상 노출은 아동이 관련 상황에서 경험하는 불안에 간접적으로 접촉하도록 돕고, 그 상황에서 사용할 수 있는 다양한 대처방법을 생각하도록 돕는 데 사용될 수 있다. 분리불안을 호소하는 아동의 경우에는 애착 대상과 떨어져 있는 상황을 눈을 감고 생생하게 떠올림으로써 불안이 유발될 수 있다. 하지만 극도로 불안한 아동을 제외하고는 상상 노출에서는 불안을 경험하지 않는 경우도 많이 있다. 그러므로 일반적으로 상상 노출은 실제 노출 이전의 중간 단계로 사용된다.

실제 노출을 시작하기 전, 치료자는 아동이 두려워하는 상황과 그 상황에서 경험하는 감정, 생각, 신체감각 그리고 대처행동 등에 대해 자세히 듣는다. 그리고 그 상황에서 발생 가능한 문제들에 대해 구체적으로 논의한다. 다음으로 치료자가 그 상황에서 할 수 있는 대처행동의 시범을 보인다. 그리고 나서 가능하다면 치료실 내에서 역할극을 통해 아동이 불안해하는 상황을 연출해 보고, 그때 아동이 치료자가 시범 보인 대처방법들을 실행할 수 있도록 돕는다. 이러한 회기 내 노출 훈련의 결과가 어땠는지, 보완할 부분은 무엇인지, 예상치 못한 부분은 무엇인지를 확인하고 아동이 더 침착하게 그 상황에 대처할 수 있도록 대처방법들을 정리한다. 마지막으로 회기 밖의 실제 상황에서의 노출 훈련 후에 아동이 스스로 자신의 대처를 평가하고 보상을 줄 수 있도록 미리 계획을 세운다. 이러한 노출 계획을 설계하는 데 있어 아동의 협력은 필수적이다. 치료자와 아동 간의 협력적인 노력으로부터 나온 실제 노출은 아동의 기억에 더 오래 남으며 보다 의미 있는 경험이 된다.

노출 훈련은 보통 '점진적'으로 진행된다. 이를 위해 치료자는 아동과 함께 가장 약한 불안을 경험하는 상황부터 가장 강한 불안을 경험하는 상황까지 단계적으로 구분되는 위계 목록을 만들어야 한다. 이러한 불안한 상황의 위계 목록은 다음 〈불안순위표〉와 같이 정리될 수 있다. 그런 다음 아동은 불안 상황의 낮은 위계부터 순서대로 직면하는 훈련을 하고, 자신이 가능한 수준까지 위계로 한 단계씩 올라간다. 여기서 중요

◆ 불안순위표

* 불안점수

```
0 5 10 15 20 25 30 35 40 45 50 55 60 65 70 75 80 85 90 95 100
├──┼──┼──┼──┼──┼──┼──┼──┼──┼──┼──┼──┼──┼──┼──┼──┼──┼──┼──┼──┤
```

| 없음
편안함 | 경도의 불안
불안에 대처함 | 중등도 불안
집중이 잘 안됨 | 심한 불안
비현실감 경험 | 매우 심한 불안
가장 심한 경험 |

상황	불안 점수
1. 가장 두려운 상황은 집을 떠나 일주일간 캠프를 갈 때	100
2. 두 번째 두려운 상황은 친구 집에서 파자마파티를 위해 1박을 할 때	90
3. 세 번째 두려운 상황은 친구 집에서 저녁까지 있을 때	85
4. 네 번째 두려운 상황은 엄마가 나에게 화를 낼 때	80
5. 다섯 번째 두려운 상황은 엄마가 전화를 받지 않을 때	75
6. 여섯 번째 두려운 상황은 다른 가족들은 있지만 엄마가 밤에 늦게 들어올 때	70
7. 일곱 번째 두려운 상황은 엄마가 낮에 한 시간 정도 교회 모임에 다녀올 때	40
8. 여덟 번째 두려운 상황은 집에서 엄마가 물건을 사러 잠시 슈퍼마켓에 다녀올 때	40
9. 아홉 번째 두려운 상황은 집에서 엄마는 큰 방에, 나는 내 방에 혼자 있을 때	35
10. 열 번째 두려운 상황은 집에서 엄마와 함께 있다가 엄마가 잠시 물건을 가지러 다른 방에 갈 때	25

한 것은 어떤 단계에서든 노출이 지나치게 무서워서 그 경험이 실제로 아동의 공포를 강화시킬 정도로 진행해서는 안 된다는 것이다. 그러므로 아동과 함께 점진적으로 그리고 자발적으로 선택할 수 있는 수준을 고려하여 노출 훈련을 진행하여야 한다. 또한 이를 위해 치료자는 아동의 선택을 존중하고 여유를 가지고 기다릴 수 있어야 한다. 점진적으로 진행된 노출 훈련은 아동이 시간이 지나면서 숙달감을 경험하고 발달시킬 수 있도록 돕는다.

여기서 다른 장애와 달리 분리불안장애 아동의 노출에 있어 한 가지 특징을 언급하자면, 노출 훈련에서 주요 애착 대상의 참여가 필요하다는 점이다. 분리불안장애는 애착 대상과의 분리가 불안을 일으키는 주된 원인이 되므로, 애착 대상의 참여 없이는 노출 훈련이 거의 불가능하다. 그러므로 치료자는 애착 대상에게 노출 훈련의 원리를 설명하고 훈련의 강도를 점진적으로 조절할 수 있도록 안내하는 과정이 필요하다. 치료의 속도를 내기 위해 너무 높은 강도의 노출을 보호자의 강제에 의해 실행하게 될 경우, 자칫 아동은 분리와 관련된 또 하나의 외상을 경험하게 되어 결과적으로 분리불안의 정도가 더 심해지는 역효과를 나타낼 수 있다.

실제 노출 상황들은 치료실 안에서도 연출될 수 있다. 예를 들어, 부모와 함께 내원한 아동이 늘 부모와 함께 치료에 참석

하다가 노출 훈련을 계획한 후에 부모가 잠시 치료실을 떠나
는 상황을 만들 수 있다. 이때 아동은 부모 없이 치료실 내에
서 치료자와 함께 분리불안을 경험할 때 대처하는 방법들을
연습해 볼 수 있다. 연습이 끝난 후에 치료자는 다시 부모가
돌아올 수 있도록 한다. 이러한 첫 번째 실제 노출의 경험은
아동으로 하여금 유능감을 경험하도록 하여 더 큰 불안을 일
으키는 상황, 즉 치료실 밖예: 집, 학교 등에서의 분리불안 상황에
노출할 수 있도록 한다. 아울러 노출 과정에서 경험하는 불안
및 공포는 정상적이며 훈련을 통해 관리할 수 있다는 것을 강
조하면서 아동의 불안을 '정상화normalization'하는 것을 잊지 말
아야 한다.

  실제 노출을 계획할 때 아동과 치료자 간에 다음과 같은 대
화가 오고 갈 수 있다.

> 치료자: 엄마와 30분간 떨어져 있는 상황을 연습해 보기로
> 했지? 맞니?
>
> 아동: 네, 맞아요.
>
> 치료자: 엄마와 떨어지면 어떻게 될 것 같니?
>
> 아동: 엄마가 나가고 문이 닫히는 소리가 나면, 그때부터 불
> 안하고 초조해질 것 같아요.
>
> 치료자: 네가 불안해졌다는 것을 어떻게 알 수 있지?

아동: 심장이 두근거리고 가만히 앉아 있지 못할 것 같아요. 그리고 자꾸 문만 쳐다보거나 전화기를 들고 계속 확인하게 될 것 같아요.

치료자: 그리고 어떤 생각을 하게 될까?

아동: '엄마가 안 돌아오면 어떡하지?' '엄마가 밖에서 무슨 사고라도 난 거면 어떻게 하지?' '나는 엄마 없이는 살 수 없어.' 같은 생각이 떠오를 것 같아요.

치료자: 그럴 때 네가 할 수 있는 것이 뭐지?

아동: 일단 심호흡을 몇 번하고 긴장을 가라앉힐 수 있어요. 그리고 속으로 '엄마는 돌아올 거야.' '갑자기 사고가 날 리 없어. 한 번도 그런 적 없잖아.' 하고 스스로 안심시킬 것 같아요.

치료자: 다른 방법은?

아동: 좋아하는 음악을 틀어 놓고 내가 좋아하는 책을 볼 거예요. 그래도 불안하면 언니에게 같이 보드게임을 하자고 부탁해 볼 거예요.

치료자: 그래, 좋아. 잘 해낼 수 있을 거야.

치료자는 아동의 참여도를 높이기 위해 노출 과제를 설계할 때 재미있는 구성요소들을 포함할 수 있다(Podell, Martin, & Kendall, 2009). 연구결과에서도 긍정적인 정서를 유도하게 되면 불안한 아동의 위협에 대한 편향이 줄어드는 것이 발견되었다(Hughes & Kendall, 2008). 이를 위해 아동을 위협하는 상황을 보다 재미있고 창의적으로 변형함으로써 좀 더 다루기 쉽게 할 수 있다. 예를 들어, 애착 대상과 떨어져 있는 상황에서 아동이 즐거운 활동예: 다른 가족들과 좋아하는 놀이를 함을 하게 할 수 있다. 혹은 애착 대상인 엄마가 돌아올 때 맛있는 케이크를 사오거나, 아주 우스꽝스러운 복장예: 피에로 분장을 하고 돌아오기로 약속을 할 수도 있다. 이때 아동은 모와 관련된 부정적인 생각을 떠올리기보다 즐겁고 유쾌한 생각을 할 수 있다. 혹은 엄마와 떨어졌을 때 전화를 하지 않고 참아 내는 시간이 길어짐에 따라 아동이 더 좋아하는 상을 받을 수 있도록 하고, 상을 받을 때는 시상식과 같은 분위기로 기억에 남는 보상을 주도록 노출 훈련을 계획할 수도 있다. 이렇게 매력적이고 창의적인 노출 과제가 기억에 남고 효과도 더 크다(Kendall, Chu, Gifford, Hayes, & Nauta, 1999).

8) 과제

인지행동치료에서 과제는 선택이라기보다 필수에 가깝다. 치료의 효과가 치료회기 내에서나 치료실에서만 나타나는 것은 무의미하며, 치료실 밖 실제 생활에까지 전달되어야 한다.

이렇게 치료효과가 치료장면 안에서 밖으로까지 전달되는 과정을 '일반화generalization'라고 한다. 이러한 치료효과의 일반화를 위해 가장 효과적으로 사용될 수 있는 도구가 바로 과제다. 과제는 일반적인 의미가 그러하듯이 회기 내에서 배운 것을 복습하고 실제 생활에 활용할 수 있도록 돕는다. 과제에는 치료자와 함께 연습한 이완 훈련, 혼잣말 찾기와 평가, 문제해결 기술 등이 포함될 수 있으며, 회기 내에서 실시하였던 노출 훈련을 실제 생활에서 연습하는 것도 포함된다.

과제를 부여할 때에는 먼저 치료의 목적에 부합해야 한다. 즉, 분리불안을 감소시키고 이에 적절하게 대처하려는 목적에 맞는 내용의 과제를 설정해야 한다. 아울러 과제의 난이도가 대상에게 적합한지 고려해야 한다. 노출 훈련을 과제로 부여할 경우, 난이도는 앞서 소개한 불안 상황에 대한 위계목록을 참고하여 낮은 단계부터 순차적으로 실시할 수 있도록 도와야 한다. 또한 과제는 매우 구체적이고 자세하게 구성되어야 한다. 예를 들어, 모호하게 '이완 훈련 연습하기'보다는 '매일 잠들기 전 5분씩 엄마와 함께 점진적 근육이완 훈련 연습하기'와 같이 구체적이고 명확하게 구성해야 한다. 그리고 과제를 수행하는 것이 실제로 가능한지 여부를 탐색해야 한다. 예를 들어, 부모와 함께 이완 훈련을 하기로 하였을 때, 실제로는 부모가 너무 바빠서 시간을 내기 어려운 상황이라면 부모가 아

닌 다른 보호자에게 지침을 제공하고 함께 연습할 수 있도록
도와야 한다. 아니면 아예 매 회기 치료를 시작할 때 5분 동안
치료자와 함께 이완 훈련을 먼저 연습하는 것이 현실적일 수
있다.

과제를 적절하게 구성하였다고 판단될 때에도, 마지막으로
아동에게 과제를 할 수 있겠는지 혹은 할 마음이 있는지 묻는
것이 중요하다. 이렇게 아동의 의사를 물어볼 때 아동이 자발
적으로 과제를 실시할 가능성이 높아지며, 과제를 못할 것 같
다거나 하기 싫다고 할 때에는 그 이유를 물어서 아동이 할 수
있도록 과제를 수정 · 보완하거나 수행하고자 하는 동기를 높
이는 과정이 필요하다.

과제를 부여한 다음에는 점검하는 것이 매우 중요하다. 과
제를 부여하고 치료자가 확인하지 않을 때에는 간접적으로 과
제가 크게 중요하지 않다는 메시지를 전달하는 셈이 된다. 아
울러 과제를 했을 때 칭찬하고 격려하는 것은 앞서 설명한 유
관성 관리의 측면에서도 매우 중요한 과정이다. 즉, 과제를 해
오는 것은 치료에 있어 매우 도움이 되는 긍정적인 행동이기
때문에 반드시 칭찬, 보상, 관심 등을 통해 이를 강화하는 것
이 필요하다.

때로는 과제를 하지 못하고 오는 경우가 있는데, 이때 지나
치게 실망한 표정을 보이거나 혼을 내기보다 왜 하지 못했는

지 이유를 탐색하는 과정이 필요하다. 이러한 과정을 통해 난이도가 너무 높았는지, 예상치 못한 장애물이 있었는지, 현실을 고려하지 않고 구성하였는지 등을 알 수 있고, 이를 반영하여 과제 계획을 재구성할 때 다음에 과제를 할 가능성을 높일 수 있다. 혹은 배운 것을 실제 생활에 적용하였을 때 어려움이 있었다면, 이를 탐색하고 평가하는 과정에서 가족 및 주변 환경에 대한 새로운 정보나 중요한 치료성과 저해요인을 찾아낼 수 있다. 이러한 점검의 과정을 통해 혹시 과제를 수행하지 못한 경우도 유용한 학습의 기회가 될 수 있으며, 결국 과제는 어떤 경우에도 실패가 없는 유용한 도구가 될 수 있다. ◆

4. 가족의 참여

불안이 높은 아동 및 청소년을 치료하기 위해 부모가 치료에 참여하는 것은 매우 효과적이다. 왜냐하면 부모의 참여가 치료효과를 일상생활에까지 일반화시키는 데 큰 도움이 되기 때문이다. 특히 분리불안장애의 치료에서 있어 가족의 참여는 치료효과 증진을 위한 선택이 아닌 필수이며, 그 이유는 크게 두 가지로 나뉜다.

가족의 참여가 중요한 첫 번째 이유는 가족들이 노출 훈련에 있어 적극적인 참여자가 될 수 있기 때문이다. 분리불안장애는 핵심 증상이 애착 대상으로부터의 분리에서 유발되는 불안이다. 그러므로 아동이 불안을 경험하는 상황을 만들기 위해서는 부모의 협조가 반드시 필요하다. 애착 대상과의 분리 상황에 대한 노출 훈련을 하는 과정은 다음과 같다. 보통 처음에는 치료실에서 치료자가 노출 훈련을 지도하고 부모는 이 과정을 지켜본다. 다음으로는 치료자가 지켜보는 상황에서 부모 중 한 명씩 번갈아 가며 노출 훈련을 이끈다. 이 과정이 익숙해진 다음에 부모는 치료자가 없는 상황에서도 노출 훈련을 이끌 수 있다.

가족의 참여가 중요한 두 번째 이유는 아동의 분리불안이 유지되는 데 있어 매우 중요한 정보를 제공할 수 있기 때문이다. 이는 분리불안의 치료에 있어 매우 중요한데, 많은 경우에 부모는 의도치 않게 아동의 불안 행동을 강화할 수 있기 때문이다(McLean, Miller, McLean, Chodkiewicz, & Whittal, 2007; Pincus, Santucci, Ehrenreich, & Eyberg, 2008). 이에 대한 일반적인 예는 부모가 아이를 어린이집이나 유치원 혹은 보조양육자에게 맡길 때 예고 없이 갑작스럽게 분리를 시도하는 경우다. 부모는 아이가 자신에게서 떨어질 때 울고 떼쓰는 행동이 불편감을 주기 때문에 아이가 다른 일에 집중할 때 몰래 나가 버린다. 하지만 이러한 행동은 아동으로 하여금 부모가 언제 사라질지 모른다는 염려와 불안을 증폭시키는 결과를 가져온다. 이 외에도 부모의 행동이 의도치 않게 아동의 불안을 강화시키는 경우는 매우 다양하다.

이처럼 많은 경우, 부모의 변화가 아동의 변화를 가져올 수 있기 때문에 가족들의 관계에 대한 부모의 신념이나 관련된 행동들을 탐색하면 부모-자녀 간 상호작용을 변화시킬 수 있으며, 유연하고 건강한 애착 유형의 발달을 도울 수 있다. 아울러 자녀를 지나치게 과잉보호하지 않고 자율성을 발달시킬 수 있도록 부모를 교육할 수 있다. 이렇게 분리불안장애 치료에 있어 부모의 참여가 중요하기 때문에, 기존에 개발된 분리불안장애에 초점을 맞춘 인지행동치료들은 모두 부모와 함께 하는 작업을 포함하고 있다(Eisen & Engler, 2006; Schneider et al., 2011).

인지행동치료에서는 아동의 생각이나 행동을 변화시키는 데에 주로 초점을 두고 있지만, 동시에 지지적인 역할로서 부모를 참여시키는 것 또한 격려해야 한다. 부모는 치료 시작부터 활발하게 관여해야 한다. 치료가 시작되면 치료자는 부모를 만나서 치료계획에 대해 안내하고 협조를 요청해야 한다. 아울러 치료 프로그램의 내용과 함께 치료 내에서 아동의 반응과 같은 세부사항들을 포함하는 유용한 정보를 제공해야 한다. 이를 통해 부모는 아동에 대한 자신들의 걱정을 이야기할 수 있으며, 치료에 도움이 되는 더 많은 정보를 제공할 수 있다. 치료자와 부모는 어떤 상황이나 요인들이 아동의 불안을 유발하거나 증폭시키는지, 그리고 그때 아동이 어떻게 반응하는지에 대한 정보를 공유한다. 예를 들어, 부모는 치료의 지지자로서 아동이 이완 기술을 훈련할 때 참여하여 함께 배울 수 있으며, 이를 가정에서 연습할 수 있도록 돕는 역할을 할 수 있다.

치료자는 불안장애를 겪는 아동 및 청소년의 가족들이 경험할 수 있는 특유의 문제들도 인식하고 있어야 한다. 이에는 다른 가족 구성원들이 경험하고 있는 불안장애나 다른 정신병리에 대한 정보뿐만 아니라, 부모의 양육방식, 아동의 문제에 대한 죄책감, 아동의 미래에 대한 불안 등이 포함될 수 있다.

부모가 아동의 문제에 대해 관여하는 정도는 과소관여에서 과잉보호까지 다양하게 나타날 수 있다. 과소관여는 주로 아동을 치료자에게 맡겨 놓고 데려오기만 할 뿐 거의 신경을 쓰지 않는 태도를 말한다. 이는 치료 약속을 제대로 지키지 못하거나 치료와 관련된 자료의 정리나 과제 점검이 되지 않는 형태로 나타날 수도 있다. 반대로 과잉보호는 아동의 진전을 위해 설계된 중요한 과제들을 수행하는 데 있어 다른 양상으로 장애물이 될 수 있다. 예를 들면, 청소년인 자녀가 부모와 분리되는 상황에 노출하기 위해 친구 집에서 하룻밤을 보내는 것을 과제로 선정하였을 때, 부모가 오히려 과도한 염려를 표현하거나 제지할 수 있다. 혹은 친구 집에 있는 자녀에게 수시로 연락을 해서 노출 훈련을 방해할 수도 있다. 이런 부모의 과잉보호를 다룰 때, 치료자는 자녀가 독립적이 되도록 돕는 것과 부모의 불안이 증가하여 치료를 중단하지 않도록 하는 것 사이에서 적절한 균형을 맞추어야 한다. 이를 위해 치료자

는 부모에게 자녀가 수행하게 될 과제들을 미리 설명하거나
혹은 부모가 과제를 제안하게 하거나, 그 과제에 참여하게 할
수 있다. 즉, 자녀의 치료를 위해 부모의 협력을 적극적으로
요청하는 것이다.

불안한 아동·청소년의 부모들은 자녀의 장애에 대한 죄책
감을 경험할 수도 있다. 자신들의 잘못된 양육방식, 부부의 갈
등, 좋지 못한 경제적 여건, 건강하지 못한 신체조건 등을 문
제의 원인으로 보고 자녀에 대한 미안함과 죄책감에 괴로워할
수 있다. 이를 돕기 위해서 치료자는 '왜무엇 때문에 문제가 발생하였
는가?'가 아닌 '어떻게어떻게 자녀를 도울 수 있는가?'에 초점을 맞추
도록 해야 한다.

만일 현재에도 부모가 자녀의 불안에 지속적인 부정적 영
향을 미친다면, 이는 '부모-자녀 상호작용'의 측면에서 점검
하고 변화를 시도하여야 할 것이다. 예를 들어, 치료자는 아들
의 신체 증상 호소와 학교 거부 행동에 대한 모의 과민한 반응
을 극적으로 보여 주기 위해 이를 동영상으로 촬영할 수 있다.
아동이 학교에 가기 바로 전에 갑작스러운 복통, 두통, 설사
등의 다양한 신체 증상을 말하기 시작하자, 모는 아동의 신체
상태에 대해 걱정스러운 표정을 지으며 이것저것 캐묻기 시작
한다. 모가 "어디가 아프니? 언제부터 아팠니? 얼마나 아프니?
학교에 갈 수는 있겠니? 병원에 가 봐야 하지 않겠니?" 등의

질문을 계속하고 신체 증상에 관심을 보이자, 아들은 이에 맞춰서 신체 증상들을 더 자세히 보고한다. 이러한 과정에서 불안을 반영하는 정상적인 신체 증상들은 통증, 질병에 대한 염려로까지 확대되기 시작하고, 아동의 증상은 더 심해진다. 결국 모는 "많이 아프면 오늘은 푹 쉬고 내일은 학교에 꼭 가야 해. 약속 꼭 지켜."라고 말하며 아동의 결석을 용인해 주고, 심지어 출석일수를 챙기기 위해 병원에 가서 진단서까지 대신 받아 온다. 녹화된 장면을 보고 나서 모는 아들의 신체적 호소에 관심을 보이는 것이 결과적으로 신체 증상에 집중하고 그 정도를 더 심하게 하는 데 기여했다는 것을 인지하게 되었다. 모는 막연하게 자신의 반응이 아들의 증상을 악화시켰다는 것은 알고 있었지만, 그 '악순환'이 어떤 과정을 통해 유지되고 있는지는 몰랐던 것이다. 이러한 설명이 부모를 비난하거나 비판하는 식으로 전달되지 않고 객관적인 형태로 전달된다면, 많은 경우 부모에게 현재 상호작용의 양상과 결과를 설명해 주고 행동의 변화를 위한 구체적인 정보를 제시해 줄 수 있다.

분리불안장애의 치료에 있어 부모와 자녀의 상호작용을 탐색하고 다루는 것은 다른 장애들보다 더 중요한 과정일 수 있다. 치료 과정에서 이전에 지나치게 부모에게 의존하던 아동에게 여러 상황에서 스스로 문제해결 또는 자기주장 기술을 사용하도록 하여 독립의 욕구를 충족시키게 할 수 있다. 이때 부모에게 아동의 역량이나 좋은 양육에 대한 잘못된 지각이 있는지 확인하여 수정할 필요가 있다. 왜냐하면 아동이 스스로 역량을 발휘하는 것을 부모를 존중하지 않거나 반항하는 태도로 오해석할 수 있으며, 좋은 양육을 모든 것을 해 주는 과잉보호와 동일시하고 있을 수도 있기 때문이다. 그러므로 이를 적절하게 다루지 못하면, 아동이 더 큰 독립성을 얻기 위해 도전하고 스스로 해결하는 능력을 보일 때 부모는 화가 나거나 심지어 슬퍼할 수도 있다. 이는 아동의 진전을 자신들에 대한 반항으로 보거나, 이제 더 이상 자신들을 필요로 하지 않는 것으로 잘못 해석했기 때문이다. 그러나 만약 부모가 아동의 독립성 추구를 성장과 건강의 반영으로 본다면 그때부터 선순환이 시작될 수 있다.

다른 한편으로 부모의 긍정적 변화가 아동에게 부정적 영향을 미칠 수도 있다. 치료 과정에서 부모가 아동의 독립성을 촉진하기 위해 이전보다 과잉보호를 줄이거나 부모 자신을 위한 활동을 늘릴 수 있다. 이때 아동은 자칫 부모의 행동을 자신에 대한 애정의 철수나 버려짐의 징후로 오해석할 수 있다. 하지만 아동에게 부모의 행동 변화 의도에 대해 설명하고, 이러한 변화에도 불구하고 아동이 자신에 대한 사랑과 관심이 유지되고 있음을 인식할 수 있다면 또 다른 선순환이 시작될 수 있다. 예를 들어, 부모가 이전처럼 과잉보호하지 않는 것이 자신을 나이에 맞게 대우하고 어린아이 취급하지 않는 것으로 여길 수 있다. 또한 부모가 집에서 종일 누워 있기보다 일하러 나가거나 건강을 위해 운동을 시작하는 변화를 보인다면 부모의 힘이나 안전에 대해 아동은 인식의 변화를 가져올 것이다. 그리하여 부모의 연약한 이미지가 수정되어 결국 병이나 사고로 부모를 잃어버리게 될지 모른다는 불안이 감소할 수 있다. ◆

5. 새로운 형태의 치료

1) 컴퓨터 기반 치료

컴퓨터에 기반한 치료는 여러 가지 측면에서 불안한 아동 및 청소년들을 돕는 데 있어 매력적이다. 먼저, 비용이 절감될 수 있고(McCrone et al., 2004), 치료에 대한 순응도가 높아질 수 있다. 아울러 컴퓨터를 활용한 치료 프로그램들은 자기 진도에 맞게 학습이 가능하고 자료를 쉽게 검토할 수 있다. 또한 기록의 관리와 자료 수집도 쉬워지며(Marks, Canvangh, & Gega, 2007; Greist, 2008), 게다가 이 과정이 자동으로도 가능하다. 뿐만 아니라 훈련과 보급의 측면에서도 유용한데, 프로그램이 CD-ROM 혹은 DVD 형태로 제공되어 누구나 사용이 가능하다.

일반적으로 CD-ROM이나 DVD를 통해 치료기술과 치료

회기에 대한 동영상 표본과 인쇄 가능한 회기 자료들이 제공
된다. 이를 통해 자기 진도에 맞추어 편한 시간에 훈련을 할
수 있으며, 훈련생들은 자기가 원하는 순서대로 이해한 정도
에 따라 학습이 가능하고 이를 확인하기 위한 테스트 형태의
점검도 가능하다. 대표적인 프로그램에는 '많이 대처하기 캠
프(Camp Cope-a-Lot): 코핑 캣(Coping Cat)[1]CD-ROM'이 있다
(Khanna & Kendall, 2008). 이 프로그램은 앞서 설명한 인지행동
치료의 구성요소들예: 불안에 대한 심리교육, 노출 훈련, 역할연기, 사회적 보
상 등을 포함하고 있으며, 보통 6회의 컴퓨터 기반 훈련과 6회
의 치료자 기반 훈련으로 구성되어 총 12주 동안 진행된다. 많
이 대처하기 캠프를 통해 치료한 결과, 전형적인 인지행동치
료를 받은 결과와 비슷하게 효과가 나타났으며 치료를 제공하
지 않은 비교 집단에 비해서 유의미하게 더 나은 결과를 나타
내었다. 뿐만 아니라, 아동들은 컴퓨터 기반 프로그램에 상당
히 만족한다고 보고하였다. 아동·청소년들이 스마트 폰과 가
상현실 등 첨단 정보통신기술에 점점 더 친숙해지고 있는 시

---

1 '코핑 캣(Coping Cat)'은 템플 대학교의 아동·청소년 불안장애 클
리닉에서 분리불안장애, 사회불안장애 및 기타 불안장애를 가진 아
동들을 위해 개발한 인지행동치료 프로그램이다. 이를 컴퓨터 기반
으로 제작한 것이 '많이 대처하기 캠프(Camp Cope-a-Lot)'다. 청
소년을 위한 인지행동치료 프로그램은 '캣(C.A.T) 프로젝트'라고
한다.

대적 흐름을 볼 때, 이러한 시스템을 활용한 치료적 접근은 앞으로 더 중요해질 것으로 보인다.

2) 캠프 형태의 치료

또 다른 새로운 형태는 분리불안장애를 나타내는 아동 및 청소년을 대상으로 하는 1주간의 여름 캠프식 치료다(Santucci, Ehrenreich, Trosper, Bennett, & Pincus, 2009). 이 프로그램에는 분리불안장애를 주된 진단으로 받은 8~11세 5명의 여아들이 부모와 함께 참여하였다. 먼저, 이들은 가장 두려운 10가지 상황의 위계목록을 작성한다. 치료의 구성요소에는 '심리교육, 불안의 확인, 신체 증상의 관리, 인지적 재구성, 문제해결 기술, 재발방지' 등을 포함하고 있다. 아울러 3회의 부모교육이 포함되어 있으며, 분리불안과 관련된 부모요인을 강조한다 예: 자녀의 자율성 기르기 등.

한 주의 캠프기간 동안 부모들의 참여는 점차적으로 줄어들게 되며, 부모로부터 떨어져 지내는 것에 대한 보상이 주어진다. 프로그램은 오전, 오후, 저녁까지 진행되며, 캠프 마지막 밤에는 부모 없이 아이들끼리 밤을 보낸다. 다음날, 부모들이 참여하여 마지막으로 가정에서의 노출 훈련과 재발방지 등에 대해 논의하면서 마무리한다. 치료 프로그램의 종결 후에 참여한 모든 아동이 더 이상 분리불안장애 진단에 해당되지 않게 되었고 전반적인 불안도 호전되었다고 한다. 아울러 분리불안이 아닌 다른 불안 증상들도 경감되었으며, 치료에 대한 만족도 또한 높았다. 우리나라 아동·청소년들이 학업과 다른 과외활동들로 매우 바쁘고 시간적 여유가 없는 것을 감안할 때, 정기적인 치료가 아닌 캠프 형태의 치료도 활용 가능성이 높을 것으로 보인다. ◆

6. 약물치료

많은 임상연구가 약물치료의 안전성과 효과를 입증해 왔지만, 현재까지 아동 및 청소년의 불안장애 치료를 위해 명확하게 공식적으로 인증된 약물은 없는 것으로 보인다. 일반적으로 플루옥세틴fluoxetine, 설트랄린sertraline, 플루복사민fluvoxamine 등의 '선택적 세로토닌 재흡수 억제제SSRI'가 아동·청소년의 범불안장애, 사회불안장애, 분리불안장애 치료를 위해 가장 많이 처방되며, 불안장애 치료에 가장 효과적인 것으로 고려된다(Keeton & Ginsburg, 2008; Walkup et al., 2008). 최근 연구결과에 의하면 인지행동치료와 약물치료를 병행한 치료의 효과가 가장 높았고, 다음으로 인지행동치료, 약물치료의 순서로 효과가 높은 것으로 나타났다(Walkup et al., 2008). 아울러 인지행동치료를 받은 집단이 약물치료를 받은 집단보다 부작용예: 안절부절, 피로, 불면증이 더 적은 것으로 나타났다. 3가지의 치료 모두 효과가 있는 것으로 나타나므로 비용, 시간 등을 고려하여 개인의 상황에 맞게 활용하는 것이 필요하다. ◆

7. 기타 치료

인지행동치료가 많은 부분 인지에 초점을 맞추고 있기 때문에, 언어적 표현능력이 덜 발달된 아동들에게는 보다 비언어적 도구인 놀이를 통하여 불안을 표현하고 문제를 해결하도록 돕는 놀이치료가 더 효과적일 수 있다. 연구에 따르면 놀이치료가 분리불안장애 아동의 불안 증상을 감소시키는 데 효과가 있으며, 아동의 발달에도 긍정적인 영향을 미치는 것으로 나타났다(유미숙, 1999). 놀이치료의 변형된 형태로는 부모가 참여하는 부모-자녀 놀이치료가 있다(백지은, 2007). 이는 부모가 함께 놀이에 참여하여 정서적인 의사소통을 촉진하고 문제 해결 과정을 학습하는 것으로 진행된다. 분리불안장애 치료에 있어 부모 참여의 역할이 큰 것을 고려할 때, 아동에게만 초점을 맞춘 개입보다 아동의 분리불안을 다루는 데 더 효과적일 수 있겠다. ❖

참고문헌

권석만(2004). 인간관계의 심리학. 서울: 학지사.

권석만(2013). 현대 이상심리학(제2판). 서울: 학지사.

권이종(2004). 생활교육이란: 부모의 역할·생활교육·성교육. 경기: 한국
학술정보.

김경미(2003). 과보호적 양육행동에 관련된 어머니와 아동의 특성. 충
북대학교 교육대학원 석사학위 청구논문.

김미경(2007). 어머니와 유아의 분리불안, 어머니의 과보호적 양육행
동 및 유아의 또래유능성. 충북대학교 교육대학원 석사학위 청구
논문.

김민지(2000). 어머니의 격리불안 및 걸음마기 아동의 기질과 그들의
종일반 탁아기관에서의 적응. 경희대학교 대학원 석사학위 청구
논문.

박성옥(1993). 3세 이하의 자녀를 둔 어머니의 격리불안. 경희대학교
대학원 박사학위 청구논문.

박아청(1998). 과보호의 발달심리학적 의미에 대한 일고찰. 인간발달연
구, 5(1), 53-72.

박응임(1995). 영아-어머니 간의 애착유형과 그 관련변인. 아동학회지, 16(1), 113-131.

박해도(2001). 어머니와 영유아의 분리불안과의 관계. 연세대학교 대학원 석사학위 청구논문.

백지은(2007). 분리불안 장애 아동의 특성과 부모자녀 놀이치료 프로그램의 효과. 한양대학교 대학원 박사학위 청구논문.

소언주(2001). 어머니의 분리불안: 어머니의 특성, 아동의 초기 기질 및 과보호적 양육행동과의 관계. 이화여자대학교 대학원 석사학위 청구논문.

안지영, 도현심(1998). 자녀 양육행동, 아동의 낯가림 경험 및 분리불안과 어머니의 분리분안. *Family and Environment Research, 36*(8), 13-20.

염숙경(2002). 아동상담과 놀이치료. 서울: 상조사.

유미숙(1999). 놀이치료과정에서 아동행동과 치료자반응 분석. 한국놀이치료학회지(놀이치료연구), 2(단일호), 13-34.

유현숙, 고선옥(2009). 어머니의 분리불안과 양육행동이 자녀의 어린이집 적응에 미치는 영향. 아시아아동복지연구, 7(2), 17-34.

이영미(1996). 취업모의 격리불안에 영향을 주는 변인 분석. 이화여자대학교 대학원 석사학위 청구논문.

이영환(1992). 낯선 상황에서 영아의 아버지에 대한 애착에 관한 사례 연구. 아동학회지, 13(2), 5-18.

이정윤, 박중규 역(2002). 불안하고 걱정 많은 아이, 어떻게 도와줄까? [*Helping Your Anxious Child* (2nd ed.)]. R. M. Rapee, A. Wignall, & S. H. Spence 공저. 서울: 시그마프레스.

정영숙(1976). 한국유아의 낯가림과 격리불안에 관한 연구. 이화여자대학교 대학원 석사학위 청구논문.

Ainsworth, M. (1973). The Development of Infant-mother Attachment. In B. Caldwell, & H. N. Ricciuti (Eds.), *Review of Child Development Research* (Vol. 3). Chicago: University of Chicago Press, 1-94.

Ainsworth, M. D. S., Blehar, M. C., Waters, E., & Wall. S. N. (1978). *Patterns of attachment: A psychological study of the strange situation.* New York: Psychology Press.

Ambrose, J. A. (1961). The development of the smiling response in early infancy. In B. M. Foss (Ed.), Determinants of infant behaviour (pp. 179-196). Oxford, England: Wiley.

American Psychiatric Association. (1994). *Diagnostic and statistical manual of mental disorders-4th edition (DSM-IV).* Washington, DC: Author.

American Psychiatric Association. (2013). *Diagnostic and statistical manual of mental disorders-5th edition (DSM-5).* Washington, DC: Author.

Barber, B. K. (1996). Parental psychological control: Revisiting a neglected construct. *Child development, 67*(6), 3296-3319.

Beidel, D. C., & Turner, S. M. (1997). At risk for anxiety: I. Psychopathology in the offspring of anxious parents. *Journal of the American Academy of Child &Adolescent Psychiatry, 36*(7), 918-924.

Bell-Dolan, D. J., Reaven, N. M., & Peterson, L. (1993). Depression and social functioning: A multidimensional study of the linkages. *Journal of Clinical Child Psychology, 22*(3), 306-315.

Benedek, T. (1970). The psychobiology of pregnancy. *Parenthood: Its psychology and psychopathology, 137.*

Bowlby, J. (1969). *Attachment and loss: Attachment.* New York: Basic Books.

Bögels, S. M., Knappe, S., & Clark, L. A. (2013). Adult separation anxiety disorder in DSM-5. *Clinical psychology review, 33*(5), 663–674.

Bögels, S. M., & Zigterman, D. (2000). Dysfunctional cognitions in children with social phobia, separation anxiety disorder, and generalized anxiety disorder. *Journal of Abnormal Child Psychology, 28*(2), 205–211.

Campbell, S. B. (1986). Developmental issues in childhood anxiety. *Anxiety disorders of childhood,* 24–57.

Chu, B. C., & Kendall, P. C. (2004). Positive association of child involvement and treatment outcome within a manual-based cognitive-behavioral treatment for children with anxiety. *Journal of Consulting and Clinical Psychology, 72*(5), 821–829.

Cloninger, C. R., Svrakic, D. M., & Przybeck, T. R. (1993). A psychobiological model of temperament and character. *Archives of general psychiatry, 50*(12), 975–990.

Creed, T. A., & Kendall, P. C. (2005). Therapist alliance-building behavior within a cognitive-behavioral treatment for anxiety in youth. *Journal of consulting and clinical psychology, 73*(3), 498.

Dallaire, D. H., & Weinraub, M. (2005). The stability of parenting behaviors over the first 6 years of life. *Early Childhood Research Quarterly, 20*(2), 201–219.

Ehrenreich, J. T., Santucci, L. C., & Weiner, C. L. (2008). Separation anxiety disorder in youth: Phenomenology, assessment, and treatment. *Psicologia Conductual, 16*(3), 389.

Eisen, A. R. (Ed.). (2008). *Treating childhood behavioral and emotional problems: A step-by-step, evidence-based approach.* New York: Guilford Press.

Eisen, A. R., & Engler, L. B. (2006). *Helping your child overcome separation anxiety or school refusal: A step-by-step guide for parents.* Oakland: New Harbinger Publications.

Eisen, A. R., & Schaefer, C. E. (2007). *Separation anxiety in children and adolescents: An individualized approach to assessment and treatment.* New York: Guilford Press.

Francis, G., Last, C. G., & Strauss, C. C. (1987). Expression of separation anxiety disorder: The roles of age and gender. *Child Psychiatry and Human Development, 18*(2), 82–89.

Greist, J. (2008). A promising debut for computerized therapies [Editorial]. *American Journal of Psychiatry, 165,* 793–795.

Hajinlian, J., Hahn, L. G., Eisen, A. R., Zilli-Richardson, L., Reddy, L. A., Winder, B., & Pincus, D. B. (2003). The phenomenon of separation anxiety across DSM-IV internalizing and externalizing disorders. In meeting of the Association for Advancement of Behavior Therapy, Boston.

Hajinlian, J., Mesnik, J., & Eisen, A. R. (2005). Separation anxiety symptom dimensions and DSM-IV anxiety disorders:

Correlates, comorbidity, and clinical utility. In Poster presented at the 39th annual convention of the Association for behavioral and cognitive therapies, Washington, DC.

Hock, E., & Clinger, J. B. (1980). Behavior toward mother and stranger of infants who have experienced group day care, individual care, or exclusive maternal care. *The Journal of Genetic Psychology, 137*(1), 49–61.

Hock, E., McBride, S., & Gnezda, M. T. (1989). Maternal separation anxiety: Mother–infant separation from the maternal perspective. *Child Development,* 793–802.

Hughes, A. A., & Kendall, P. C. (2008). Effect of a positive emotional state on interpretation bias for threat in children with anxiety disorders. *Emotion, 8*(3), 414.

In-Albon, T., Kossowsky, J., & Schneider, S. (2010). Vigilance and avoidance of threat in the eye movements of children with separation anxiety disorder. *Journal of Abnormal Child Psychology, 38*(2), 225–235.

Ishikawa, S. I., Okajima, I., Matsuoka, H., & Sakano, Y. (2007). Cognitive behavioural therapy for anxiety disorders in children and adolescents: A meta–analysis. *Child and Adolescent Mental Health, 12*(4), 164–172.

Kagan, J., Kearsley, R. B., & Zelazo, P. R. (1980). *Infancy: Its place in human development.* Cambridge: Harvard University Press.

Kearney, C. A. (2008). School absenteeism and school refusal behavior in youth: A contemporary review. *Clinical Psychology*

Review, 28(3), 451-471.

Keeton, C. P., & Ginsburg, G. S. (2008). Combining and sequencing medication and cognitive-behaviour therapy for childhood anxiety disorders. *International Review of Psychiatry, 20*(2), 159-164.

Kendall, P. C., Chu, B., Gifford, A., Hayes, C., & Nauta, M. (1999). Breathing life into a manual: Flexibility and creativity with manual-based treatments. *Cognitive and Behavioral Practice, 5*(2), 177-198.

Khanna, M. S., & Kendall, P. C. (2008). Computer-assisted CBT for child anxiety: The Coping Cat CD-ROM. *Cognitive and Behavioral Practice, 15*(2), 159-165.

Kleiner, L., Marshall, W. L., & Spevack, M. (1987). Training in problem-solving and exposure treatment for agoraphobics with panic attacks. *Journal of Anxiety Disorders, 1*(3), 219-238.

Last, C. G., Perrin, S., Hersen, M., & Kazdin, A. E. (1992). DSM-III-R anxiety disorders in children: Sociodemographic and clinical characteristics. *Journal of the American Academy of Child &Adolescent Psychiatry, 31*(6), 1070-1076.

Maccoby, E. E., & Martin, J. A. (1983). Socialization in the context of the family: Parent-child interaction. *Handbook of child psychology: Formerly Carmichael's Manual of child psychology/Paul H. Mussen, editor.*

Mahler, M. S., Pine, M. M., & Bergman, A. (1973). *The psychological birth of the human infant.* New York: Basic

Books.

Main, M., & Solomon, J. (1986). Discovery of an insecure-disorganized/disoriented attachment pattern. In T. Brazelton & M. Yogman (Eds.), *Affective Development in Infancy*. Norwood, NJ: Ablex, 95-124.

Main, M., & Weston, D. R. (1981). The quality of the toddler's relationship to mother and to father: Related to conflict behavior and the readiness to establish new relationships. *Child Development*, 932-940.

Marks, I. M., Cavanagh, K., & Gega, L. (2007). *Hands-on help: Computer-aided psychotherapy*. New York: Psychology Press.

Mayseless, O., & Scher, A. (2000). Mother's attachment concerns regarding spouse and infant's temperament as modulators of maternal separation anxiety. *Journal of Child Psychology and Psychiatry*, *41*(7), 917-925.

McCrone, P., Knapp, M., Proudfoot, J., Ryden, C., Cavanagh, K., Shapiro, D. A., & Marks, I. (2004). Cost-effectiveness of computerised cognitive? Behavioural therapy for anxiety and depression in primary care: Randomised controlled trial. *The British Journal of Psychiatry*, *185*(1), 55-62.

McLean, P. D., Miller, L. D., McLean, C. P., Chodkiewicz, A., & Whittal, M. (2007). Integrating psychological and biological approaches to anxiety disorders: Best practices within a family context. *Journal of Family Psychotherapy*, *17*(3-4), 7-34.

Mertol, S., & Alkin, T. (2012). Temperament and character dimensions of patients with adult separation anxiety disorder. *Journal of Affective Disorders, 139*(2), 199-203.

Nelsen, J., & Erwin, C. (2000). *Parents who love too much: How good parents can learn to love more wisely and develop children of character.* Prima Publishing, 3000 Lava Ridge Court, Roseville, CA 95661.

Ollendick, T. H., & Francis, G. (1988). Behavioral assessment and treatment of childhood phobias. *Behavior Modification, 12*(2), 165-204.

Ollendick, T. H., & King, N. J. (1998). Empirically supported treatments for children with phobic and anxiety disorders: Current status. *Journal of Clinical Child Psychology, 27*(2), 156-167.

Peleg, O., Halaby, E., & Whaby, E. N. (2006). The relationship of maternal separation anxiety and differentiation of self to children's separation anxiety and adjustment to kindergarten: A study in Druze families. *Journal of Anxiety Disorders, 20*(8), 973-995.

Pincus, D. B., Santucci, L. C., Ehrenreich, J. T., & Eyberg, S. M. (2008). The implementation of modified parent-child interaction therapy for youth with separation anxiety disorder. *Cognitive and Behavioral Practice, 15*(2), 118-125.

Podell, J. L., Martin, E. D., & Kendall, P. C. (2009). Incorporating play within a manual-based treatment for children and adolescents with anxiety disorders. *Blending play therapy with cognitive behavioral therapy: Evidence-based and other effective treatments and techniques*, 165-178.

Rosenbaum, J. F., Biederman, J., Bolduc, E. A., Hirshfeld, D. R., Faraone, S. V., & Kagan, J. (1992). Comorbidity of parental anxiety disorders as risk for childhood-onset anxiety in inhibited children. *American Journal of Psychiatry*, *149*(4), 475-481.

Roy, A. K., Vasa, R. A., Bruck, M., Mogg, K., Bradley, B. P., Sweeney, M., & CAMS Team. (2008). Attention bias toward threat in pediatric anxiety disorders. *Journal of the American Academy of Child & Adolescent Psychiatry*, *47*(10), 1189-1196.

Santucci, L. C., Ehrenreich, J. T., Trosper, S. E., Bennett, S. M., & Pincus, D. B. (2009). Development and preliminary evaluation of a one-week summer treatment program for separation anxiety disorder. *Cognitive and Behavioral Practice*, *16*(3), 317-331.

Schneider, S., Blatter-Meunier, J., Herren, C., Adornetto, C., In-Albon, T., & Lavallee, K. (2011). Disorder-specific cognitive-behavioral therapy for separation anxiety disorder in young children: A randomized waiting-list-controlled trial. *Psychotherapy and Psychosomatics*, *80*(4), 206-215.

Treadwell, K. R., & Kendall, P. C. (1996). Self-talk in youth with anxiety disorders: States of mind, content specificity, and treatment outcome. *Journal of Consulting and Clinical Psychology*, *64*(5), 941.

Walkup, J. T., Albano, A. M., Piacentini, J., Birmaher, B.,

Compton, S. N., Sherrill, J. T., & Iyengar, S. (2008). Cognitive behavioral therapy, sertraline, or a combination in childhood anxiety. *New England Journal of Medicine, 359*(26), 2753-2766.

Waters, A. M., Ford, L. A., Wharton, T. A., & Cobham, V. E. (2009). Cognitive-behavioural therapy for young children with anxiety disorders: Comparison of a child+ parent condition versus a parent only condition. *Behaviour Research and Therapy, 47*(8), 654-662.

Weisman, D., Ollendick, T. H., & Horne, A. M. (1978). A comparison of muscle relaxation techniques with children. Unpublished manuscript, Indiana State University, Terre Haute, 5.

찾아보기

| 인명 |

| 내용 |

◎ 저자 소개

김기환(Kiwhan Kim)
서울대학교 대학원에서 임상 및 상담 심리학 전공으로 석사와 박사 학위를 받았다. 덕성여자대학교 학생상담센터 전임상담원, 서울대학교 대학생활문화원 위기상담팀장, 한국임상심리학회 홍보 및 정보 이사, 마음사랑인지행동치료센터 부소장 등을 역임하였다. 현재 심리상담연구소 '사람과 사람'의 소장 및 서울디지털대학교 상담심리학과 교수로 재직하고 있다. 임상심리전문가, 인지행동치료전문가이며 임상현장에서 상담 및 심리치료를 통해 심리적 고통을 겪는 이들을 돕고 있다. 아울러 노래로 치유를 나누는 뮤지션 '라파'로도 활동하고 있다.

ABNORMAL PSYCHOLOGY 32

분리불안장애 엄마랑 떨어지기 무서워요

Separation Anxiety Disorder

2017년 5월 15일 1판 1쇄 발행
2023년 3월 20일 1판 3쇄 발행

지은이 • 김 기 환
펴낸이 • 김 진 환

펴낸곳 • (주) **학지사**

04031 서울특별시 마포구 양화로 15길 20 마인드월드빌딩 5층

대표전화 • 02) 330-5114   팩스 • 02) 324-2345

등록번호 • 제313-2006-000265호

홈페이지 • http://www.hakjisa.co.kr
페이스북 • https://www.facebook.com/hakjisabook

ISBN 978-89-997-1032-2 94180
     978-89-997-1000-1 (set)

정가 9,500원

출판미디어기업 **학지사**

간호보건의학출판 **학지사메디컬** www.hakjisamd.co.kr
심리검사연구소 **인싸이트** www.inpsyt.co.kr
학술논문서비스 **뉴논문** www.newnonmun.com
원격교육연수원 **카운피아** www.counpia.com